國民黨治台片斷考

陳奕齊 著

得了吧，黨國！

黨國大老王作榮的傲慢史觀／「經營之神」王永慶的幾個秘章／從招商局到陽明海運「二個中國」的神主牌法統／從反共到親共一路騙／中華民國萬萬稅，人民萬萬衰國民黨的「高尚」（牽猴仔）外交／從K人到被K的車輪牌／國民黨的海盜勾當審計部這隻看門狗／高捷難產的經緯／吾師「五億男」邱毅爆料大法

黨國大老王作榮的傲慢史觀

「經營之神」王永慶的幾個秘章

中華民國萬萬稅，人民萬萬衰

國民黨的海盜勾當

審計部這隻看門狗

吾師「五億男」邱毅爆料大法

〔自序〕
從黨國史觀逃逸

　　「地理教成歷史，歷史教成神話」，這是台灣常民百姓過去對國民黨教科書的嘲諷。國民黨在台灣超過五十年的統治和歷史教育，是立基於一套自居為堯舜禹湯文武周公，到孫文大小蔣馬英九的道統承襲神話之上。因此，國民黨「黨國史觀」的教育印記，遂成了一個規束台灣人民心靈與腦袋的緊箍咒語。一則在政治上，台灣就得背負承受敗戰的國民黨延長而來的中國苦難，並在「中國」的敘事跟想像框架下不得動彈；至於在經濟上，國民黨「大有為」政府的宣傳，配合著爾後台灣經濟奇蹟的印象灌輸，讓國民黨政府得以用「經濟發展」作為取代威權政治的統治正當性來源。

　　於是，在國民黨黨國式的歷史書寫洗腦下，台灣人民的思維亦就被圍限於國民黨式的話語和論述之中。誠如美國資深廣播記者卡培爾（Ted Koppel），曾語重心長且一針見血地說道：「歷史是政客正當化他們意圖的工具。」儘管卡培爾的廣播節目，亦曾受到扮演「政府傳聲筒」的批評。因此，黨國的歷史書寫與論述最大的問題，一方面不僅扭曲了真實的歷史事件和面目，同時也藉由黨國式的歷史詮釋觀點，讓民主化後的台灣社會，依舊可被國民黨式的歷史論述路徑及其

後設歷史框架給裏脅，並導致成長於國民黨超過五十年洗腦年代中的台灣人民，心態上即有普遍保守的潛在反應。

19世紀知名的英國文學小說家山謬爾・巴特勒（Samuel Butler）曾諷刺地說道：「上帝無法改變過去，但是歷史學家可以。」轉譯至台灣的脈絡，遂成為：「上帝無法改變過去，但是國民黨可以。」因此，竄改、修飾與美化之後的歷史，在台灣民主化的過程中鮮少被認真對待、反省與重寫，導致了後來國民黨在政治鬥爭之中，屢屢成為拿來回嘴的工具，並輕易地嫁接至受了五十年以上洗腦的台灣人民的思維遺緒中。於是離奇地，2000年至2008年的陳水扁執政期間遭遇到的種種政治與經濟問題，就以一種立基於錯誤的歷史認識和不滿當下的政經與社會問題，巧妙地轉化成某種「憶苦思甜」的心理情緒，讓黨國思維與內部權力結構幾乎原封不動的國民黨，輕易地重拾政權，而讓台灣社會宛如一下子便「返祖復古」到那吾人以為早已逝去的年代之中。

「王城自內破」，思想的王城與霸權，也唯有從內部進行解構與爆破，方能成功。因此，重新認識與揭露國民黨統治台灣的種種實相，並從揭露重寫的努力中，建構一種批判性的認識思維。本書的書寫方式，或許是以一種回望與潛入過去以進行挑釁跟嘲諷的姿態，但卻在行文與論述路徑中隱埋著作者企圖指向未來的伏筆。橫跨數學家與哲學家身分的懷海德（Alfred North Whitehead）曾言：「真實的歷史並未被寫下，畢竟歷史並不是存在於人民的腦袋之中，而是在於其神經與血液器官之上。」如果，懷海德此一警語有幾分真確的

話，則統治者可以透由教育清洗人民的腦袋，那麼，吾人也可以從人民的末梢神經與血液器官中找到那些無法被抹滅的眞實歷史，並讓吾人重新從這些神經與血液器官中反饋大腦中樞，讓思想重新甦醒。

本書所收錄的文章大多完成於2006至2008年，並發表在個人的部落格上。當時每一篇文章的書寫，幾乎皆對應著某個事件的發生，且此一事件的討論之中，都是立基於某種以訛傳訛或者眾口鑠金的錯誤歷史想像之中而引起個人的興趣，並嘗試動筆重溯與重塑當時的相關討論。儘管，當時的事件已經過去，但是每篇文章中所企圖挑戰的國民黨史觀，或對歷史詮釋和認識的努力，只要國民黨史觀與歷史詮釋依舊頑強地在台灣社會中存在，則此些文章便沒有過期作廢之虞。

本書得以完成，遠非一人之功。首先，必須感謝好友翁緯華在資料收集上的義助，以及感謝本書照片的諸位提供者：胡耿豪、江怡萍以及陳暐翔，是他們讓本書除了冷冰冰的文字之外，也有照片可供作爲歷史的想像。同時，必須感謝前衛出版社的林文欽社長以及林君亭兄，在本書付梓出版上的一切幫忙跟促成。

最後，必須指出，個人遠非歷史學家，而是從事政治經濟相關的社會科學研究者；因此，本人對於「眞相」的爭議實是不感興趣，而毋寧是採取一種批判性的立場與距離，對於歷史進行重新的拼貼與解讀。一本書的完成，是一段屬於個人思想的生命紀錄，也是生命曾經駐足的角落點滴。拿筆

之人總希望文字除了可作爲個人交待的證言之外，總還奢望
著筆下所生產的文字，能對社會有所助益。因此，期待本書
的付梓出版，可以爲台灣社會各種扭曲的歷史及其詮釋，進
行初步的導正跟補充，讓人民的思維視野，有從統治者所粉
飾吹噓的過往之中逃逸而出的想像與可能！

2009.10.05于荷蘭萊頓

1 從史觀到偏見
王作榮反應的國民黨史觀

　　如果不上綱到唯物或唯心的高度理解所謂「史觀」^①，
而簡單地將「史觀」（historiography），當作是政權建構出的一
套對於過去歷史的理解方式的話，
則將馬英九扶上九五之尊的「經濟
懷舊主義」心態 ── 國民黨會拚
經濟 ── 即是國民黨在台灣建構並
灌輸給島民們的一套，對戰後政經
發展歷史的理解方式。因此，對蔣
經國感念式懷舊，也就屢屢變成對
台灣過往那段經濟上揚時期歲月的
「經濟性」緬懷，並經由蔣經國同
時身為威權強人此一面貌，偷渡夾
帶著某種「政治性」的威權懷舊在
裡頭。

● 人稱「作老」的王作榮，對
於台灣經濟一直有其看法，
創作力也相當旺盛。此本
名為「走上現代化之路」
的新書，是王作榮先生在
2008年由天下雜誌所出版的
大作(圖片來源：「天下雜
誌」)。

① 馬克思使用「唯物史觀」(historical materialism)來指涉人是透由「實踐」而存在，並體現出
所謂「現實的人」唯有放在從事物質生產活動下才有理解之可能，而讓「現實的人」是一種
具體的跟歷史的存在。因此，存在是意識決定，而非意識決定存在，因此，歷史只有在現實
個人及其活動下的物質生活條件這兩個前提下出發，方能正確捕捉。關於唯物史觀的介紹可
參見馬克思的相關著作。

出身國民黨技術官僚的前監察院長王作榮，算是敢言、多言的一位，且其更不避諱地將其意見投書報章。2008年12月5日，王作榮一篇在《中國時報》的投書──〈迴響──金融新聞與評論之我見〉，即是典型地一種用「經濟緬懷」來偷渡國民黨史觀的箇中表現。此篇投書中，王作榮寫道：「我於一九五三年進入美援會工作，負責經濟政策及設計，在日本所留下的基礎上，進行台灣的金融結構設計及改造，我可以無愧色地說，我是台灣現代金融結構的設計者及推動者。」作為技術官僚的王作榮此段自我表彰任事的過往歷史，也就透露出一些好玩且值得解讀的資訊──一種關於史觀到歷史偏見的形成，並值得吾人借作老此一投書加以發揮。

◎國民黨的「拚經濟」謊言?!

國民黨的拚經濟，說穿了就是過去的被國際頌揚為「經濟奇蹟」，以及躋身四小龍之類的言論。當然，國際學術界在1980年代也多以「發展型國家」（developmental state）的學術論述，以作為跟1970年代學者提出第三世界的貧困落後，乃是肇因於其與第一世界之間不平等交換，和依賴關係而導致「低度發展」（underdevelopment），並企圖以四小龍此種案例作為理論上的駁斥。

台灣過去作為「發展型國家」，姑不論其與國民黨自我宣稱的「大有為政府」有著難以釐清的關係，「發展型

國家」被拿來稱頌、說項且著墨較多的，幾乎是國家相對自主性（relative autonomy），而不受本土資本家或跨國資本的裹脅綁架，並進一步聚焦在一群秀異（distinction）的政府「技術官僚」這一特殊群體上頭。職是之故，王作榮此枚可愛的老人，「無愧色地」將台灣現代金融結構的設計跟推動的功勞攬在身上，似乎也就可以理解了。

個人對於台灣金融業的發展歷程並不熟稔，然而，從王老唯恐後生小輩們，忘卻其等過往對台灣經濟發展的貢獻與功勞，而不甘被遺忘的心態與認識，其實是相當有疑義的。事實上，除了王老自稱其乃台灣「金融業」的推手之外，王作榮最引以爲傲的還有：「19點財經改革」的草擬。

1960年的「19點財經改革」，乃是台灣宣告戰後工業化發展的重要改革措施，並爲台灣加工出口的經濟體打下第一根也是最重要的一根基樁。王作榮時常對外宣稱，「19點財經改革」乃由其草擬，但只消閱讀過往檔案，或者對於在韓戰爆發之後，台灣在美國援助下的發展歷史有所理解，即可知王作榮對外宣稱的「19點財經改革」方案，乃是時任美援公署署長郝樂遜（Wesley C. Haroldson, 1958.2.16-1963.8.20）下的一個條子（長官對部屬下的簡單手諭）：「八點財經建議」爲骨幹下所具體擬出成形的。此外，技術官僚可以勇於任事並不受各種政治掣肘，某種程度也是因爲美國透由「美援」（U. S. Aid）而進駐台灣的一群美國主子，對於這些台灣技術官僚的背書後盾所得。

不管如何，台灣的發展戰略遠非台灣技術官僚的獨特

遠見所締立，而不過是美國人給台灣下的條子罷了。國民黨的歷史論述，基於「中國人愛面子」的心態，往往刻意忽略此些美國人的貢獻跟及其在背後下指導棋的角色影響呢。因此，民間研究者林炳炎先生，才會遠赴美國並根據以前跟美援合作的「懷特公司」（J. G. White Engineering Corporation）的總經理狄卜賽（V. S. de Beausset）的私人檔案，整理並書寫了一本《保衛大台灣的美援》的好書[②]。

●此為民間研究學者林炳炎著的《保衛大台灣的美援(1949-1957)》一書。封面即是懷特工程公司總經理狄卜賽一家(圖片由林炳炎先生提供)。

此外，說到美援對台灣的貢獻，通常只被收束聚焦在軍事跟經濟的層次上，而忽略了隨著美援對台灣的軍事和經濟上的作用與挹注之外，所帶來的「制度建立」的軟性影響，且正是此些影響，才有後來「發展型國家」中「技術官僚」可以用宛如「政治不沾鍋」的姿態，專注於種種專業性考量的發展規劃。事實上，隨著美援進入台灣而架構旁生出的美援會、生產管理委員會（生管會），到後來的經合會以至經建會，其實這種跨部會的協調制度性建立（institutional setups），替台灣官僚體系建構一套制度性跟系統性的運作規則，避免過往國民黨派系的「領地封邑」（political fiefdoms，用當今的話即是「派系分贓」）慣習，對官僚效率

---

② 林炳炎，《保衛大台灣的美援(1949-1957)》，林炳炎個人出版，三民書局總經銷，2004。

造成阻滯癱瘓。立基於美國人在後頭的背書，並據此創設的種種協調性制度，可說在技術官僚得以盡量專注於專業規劃，而擺脫政治干預一事上居功厥偉。此些種種，乃是美援對台灣經濟發展的貢獻中，鮮少被提及的軟體工程。[③]

國民黨對於過去歷史的加工和論述，事實上是相當偏頗跟片面的。當「19點財經改革」出台（政策開始實行）之際，台灣以「國際加工平台」之姿隆出地表，然而，必須追問的是，當國際資本隨著台灣變身為國際加工平台，並轉進來台剝削本地工人之時，本地工人如何從農村被擠壓到都市的工廠，或者委身都市郊區一旁的小工廠中被剝削呢？亦即，台灣的農民如何將雙腳拔離數代以上賴以維生的土地進入到工廠中，成為販賣身上勞動力的勞動商品呢？轉譯成學術語彙即是，台灣的「原始積累」（primitive accumulation），這一段「血與火」的過程到底如何而可能的發生呢？

1949到1952年間，從三七五減租、公地放領到耕者有其田等一系列土地改革措施，讓農民從前現代作為地主財產之一的佃農身分，轉變為自身土地的主人，身分轉變之後的農民，其成為必須「隨人顧性命」的個別身分，職是之故，人與土地脫鉤的「離土進城打工」得以實現的關鍵，便在於

---

③ 關於美援對台灣制度性設立的種種軟性貢獻，可進一步參見Tak-Wing Ngo and Yi-Chi Chen, "The Genesis of Responsible Government under Authoritarian Conditions : Taiwan during Martial Law", The China Review, Vol. 8, No. 2 （Fall 2008）, 15-48。或者Tak-Wing Ngo and Yi-Chi Chen, "Institutionalizing Responsible Government in Taiwan : The Role of U. S. Aid", In Towards Responsible Government in East Asia : trajectories, intentions and meanings, ed. by Linda Chelan Li , Press : Routledge, 2009, pp. 11-32.

土地是否讓農民得以維生；於是乎，當時國民黨的「以農養工」政策底下，肥料換穀、低糧價、水租和田賦等等政策工具或壓榨措施，一方面不僅讓農工資源得以進行不等價交換，另一方面更可將多餘的勞力，從農村土地中擠壓到城市或郊區工廠中進行勞力販賣與汲取[4]。

這段土地改革之後，農民準備離土進城打工故事的「血與火」點滴，反映在那段時間的台語歌謠上頭，譬如，《孤女的願望》、《流浪三兄妹》等等……，那些以「流浪」為基調的故事之中。這種「流浪」所帶來的淡淡哀愁，影響了爾後台語歌曲總以碼頭港口、火車站為分離場景的歌曲描寫，並在歌詞中總是透露出幾許絲絲悠悠的深沈鄉愁[5]。

孤女的願望

請借問播田的，田莊阿伯啊，

人塊講繁華都市，臺北對叨去，

阮就是無依偎，可憐的女兒，

自細漢就來離開，父母的身邊，

雖然無人替阮安排，將來代誌，

阮想欲來去都市，做著女工渡日子，

也通來安慰自己，心內的稀微。

---

[4] 可參見Yi-Chi Chen、Monina Wong, "New Bondage and Old Resistance : Realities and Challenges of the Labour Movement in Taiwan", HKCIC Press, 2002.

[5] Jeremy Taylor, "Images of the Hometown : The Clash of City and Village in Taiwanese Popular Songs.", pp. 72-87, Chime, No. 16-17. (European Foundation for Chinese Music Research)

請借問路邊的，賣煙阿姐啊，
人塊講對面彼間工廠是不是貼告示欲用人，
阮想欲來去，我看你猶原不是，
幸福的女兒，雖然無人替咱安排，
將來代誌，在世間總是著愛，
自己打算卡合理，青春是不通耽誤，
人生的真義。

請借問門頭的，辦公阿伯啊，
人塊講這間工廠，有欲採用人，
阮雖然還少年，攏不知半項，
同情我地頭生疏，以外無希望，
假使少錢也著忍耐，三冬五冬，
爲將來爲著幸福，甘願受苦來活動，
有一日總會得到，心情的輕鬆。

流浪三兄妹

阮那會這呆命，無人通好晟，
每日隨著阮阿兄，搬山又過嶺，
山嶺的晚風吹聲，親像媽咪的叫聲，
若想起媽咪形影，給阮心疼痛。
口白：阿兄阮真艱苦啦，阿兄阮要找媽咪啦。

小妹妹愛忍耐，提出勇氣來，

咱的運命天安排，何必流目屎，

隨著阿兄走天涯，期待幸福的將來，

有時拵親像風颱，也是著忍耐。

口白：阿玲你著愛乖乖，一切的艱苦著愛忍耐，

　　　隨阿兄來去來去找媽咪。阿玲！不通哮啦，

　　　妳不通哮啦。

彈吉他念歌詩，已經過五年，

做著一個流浪兒，也是不得已，

心愛的我的媽咪，怎樣放阮做你去，

小妹妹不通傷悲，阿兄在身邊。

　　因此，國民黨常將土地改革視為是其將廣大佃農身分解放的德政，並曾經以此大作廣告，消遣阿扁得以從三級貧戶的佃農之子搖身一變為律師、總統，皆是得利於國民黨土改的德政云云。國民黨歷史詮釋的片面在於，其通常只講有偉人人頭那面的故事，忘卻了硬幣之所以為硬幣，乃是由另一面所構成。

　　當然，打破砂鍋問到底，吾人可以繼續追問，為何英國的「圈地運動」（enclosure movement）到「領地清掃」把英國農民趕到都市、工廠的過程中，抑或戲謔地說，為了讓充滿原始土地氣息的野性農民，變成溫馴工廠內的紀律勞工，「野狼變家犬」的過程前後來回花了近200年的時間；然而，台灣卻花了不到二、三十年的光景，即讓台灣農民進城的歷史

進程宛如單程票（one-way ticket）一般，有去無回。對這問題的追索跟解答，其實也是間接回應了台灣經濟奇蹟中，說啥台灣工人因為教育水平相較第三世界高，所以勞力素質較優云云，此種膚淺的認識說法。畢竟，此種廉價宣稱，往往會被國民黨再次拿1968年9月1日開始實施的，「九年國民教育」作為德政，吃起此些被迫在工廠出賣勞力者的政治豆腐。事實上，更加精確和到位的解釋，則必須從台灣作為移民社會伊始，打從鄭氏海盜家族進駐台灣，讓台灣成為商品經濟體的歷史之後，隨著歷史的發展，台灣農民手頭上的農作物，某種程度上皆是市場交換的商品，一旦自身的勞力結晶得以成為商品販賣之時，據稱列寧指出，則自身身上的勞動力作為商品販賣的距離也就不遠了。至於，對台灣當代的「野狼變喪家犬」的歷史過程的更細緻的論述，則必須有更進一步和專精的研究方能斷言。

　　話說回來，「土地改革」的成功，不是因為農民收入大增，脫離地主盤剝，並成為國民黨給台灣農民的德政云云。事實上，「土改」在台灣背後更精巧的意義乃在於，此一系列的改革措施讓「原始積累」，即農民身分與土地脫鉤機制的成形，並為爾後的廉價工廠勞力的湧入立下可能基礎，並讓國際和在地資本、以及自我剝削找到工源。只有如此認識，才能對於國民黨的戰後經濟發展史觀作出全面性的反擊。

◎美國人：台灣金融改革後盾

回到王作榮投書中提到的金融問題，故事也遠非技術官僚王作榮的詮釋如此片面。根據研究，台灣金融制度的建立，跟美國人的建議有著相當大的關係[6]。然而，重點並非是台灣金融是否是與美國人的建議有關，抑或是王作榮，勇於表功地自居為台灣現代金融結構的設計推動者的角色是否為真，而是國民黨主政下的台灣金融體系對台灣的經濟貢獻，是值得令吾人質疑的。

台灣被國民黨接收之後，日治時期八家行庫、206個分支機構，分別被合併成六家省營行庫：台灣銀行、台灣土地銀行、台灣第一商業銀行、彰化商業銀行、華南商業銀行以及台灣省合作金庫。同時，國民黨落跑台灣之後，帶過來的國陸系銀行則陸續給予復業，並同時為了爭取僑資與僑民以作為中國法統之代理，也用特許方式給予三家銀行執照：華僑（一九六一）、上海（一九六五）、世華銀行（一九七五）。於是，台灣金融版圖就這樣大致分為三塊：第一級為國陸系銀行，包括由中國復業之四行一局及台銀、土銀、北銀等八家；第二級為僑系銀行三家及外商銀行；第三級：三商銀及合庫、台企等五家。

因此，國民黨政府在業務上對於本地銀行多所歧視跟壓

---

[6] 參見黃寶奎，《台灣金融縱橫談》，1995，北京：中國經濟出版社。

抑。誠如，阿扁執政時期的國策顧問黃天麟指出：「國陸系屬一等銀行，他們均准予承作外匯業務（土銀除外），也包辦留學生小額外匯匯款、公庫、國營事業等業務。僑系銀行屬二等，開業時就可承作外匯。台系銀行屬三等，雖然歷史最悠久、存放款最多、客戶層也最厚，但卻被國陸統治階級視為『非我族類』，不准招攬公庫、公營事業，亦不准辦理外匯業務。」此外，在人事上頭，銀行高層也多由外省權貴高官擔任[7]。

然而，銀行除了嚴格掌控在國民黨政府手中之外，誰可以貸款，也就成了控制企業的手段。當然，中小企業是幾乎難以貸得到款，於是台灣二元性的金融體系便得以畸形地長成。民間起會、高利貸等等，皆是中小企業資金的重要來源管道之一。「錢出借」、「支票貼現」、「貼票息低」等等小廣告，充斥報紙版面，即是台灣地下金融活躍的一個具象表現。根據統計，民營企業的資金來自於「地下金融」比例，從未低於27%，1982年更曾高達39.5%之譜。

●翻開報紙廣告欄，大量充斥著各種「民間/地下金融」的小廣告(著者翻攝自報紙廣告欄)。

「地下金融」的活潑，時至今日依舊如此。因此，1998年甚麼亞洲金融風暴，台灣受創較小的一個

---

[7] 參見〈金融故事——憶兩蔣時代之金融殖民政策〉，《自由時報》，2007年4月10日。

原因指出，乃是台灣企業結構以中小企業為主，因此，貸款比例不高，壞帳比率也相較為低之故云云，根本是皮相之見。如果中小企業貸款比率不高，是台灣1998年金融風暴受創較小的主因為真的話，則吾人應該說，台灣民間每天上演的「倒會跑路」、地下錢莊擄人勒索……，即是小規模的金融風暴，亦即——台灣每天都身處於小型金融風暴之中，平常即不斷出小疹子，因此也就不會一次性地總爆發哩。

根據中國清華大學公共管理學院院長巫永平的觀點指出，台灣經濟奇蹟遠非是秀異的技術官僚的遠見領航，並據此帶來發展型國家，而毋寧說是台灣活潑的中小企業，才是台灣經濟奇蹟的作手[8]。從台灣二元金融體系的實情看來，鮮少受國民黨目光青睞的台灣中小企業，並從非正式金融部門得到資金挹注的中小企業，也正火辣地打了國民黨經濟奇蹟的一巴掌。

國民黨控制金融，遂控制了企業的銀根，也就避免資本家的「搞怪」和不聽話。然而，面對地下金融的活躍跟活潑實情，深怕失去對金融控管的國民黨，也就搞出一種荒謬的「票據法」，把跳票之人當成「票據犯」，並以刑事法律加以定罪。據估計，1983年度違反票據法的就高達20多萬件，移送法院的多達12萬件，使得台灣刑事犯罪案件高踞世界第一。迨至解嚴前夕，1987年1月，支票刑罰方才廢除，退票

[8] Wu Yongping, "A Political Explanation of Economic Growth : State Survival, Bureaucratic Politics, and Private Enterprises in the Making of Taiwan's Economy, 1950-1985 (Hardcover)", Press : Harvard University Asia Center, 2005.

跳票之人方才得以免除「刑事責任」。

　　早年，在戰時體制戒嚴法之下，除了白色恐怖的政治思想犯之外，國民黨對金融的嚴格控制，「票據犯」宛如「金融白色恐怖」之下的「經濟思想犯」。多少因違反「票據法」而被關押，導致家庭破碎的案例，可知國民黨罄竹難書的過去啊！印象深刻的是，小時候的鄰居好友，其父親即是這種「經濟犯」之下的犯人，而讓他們成長過程中缺了父愛的陪同。

　　因此，在1980年代末，當工黨成立之時，工黨黨綱之中即把中小企業業主當成「工人階級內部的自己人」，而非階級敵人，並指出他們受到國民黨政府的金融剝削云云。當時才出四期的《美麗島雜誌》，也曾有中小企業座談的摘錄，並指出中小企業貸款困難此一難堪處境。

　　最後必須指出，國民黨執政時期的超高儲蓄率，乃是戰時體制下各種運動，例如「三一儲蓄運動」下搞出來的把戲哩，因此小民的血汗錢就這樣，被吸納進銀行中並放款給國民黨屬意之企業。[9]

　　王作榮不經意的自我表功的一句話，背後所反應的是國民黨建構的一套史觀，並據此形成歷史偏見跟定見，而深深地影響了台灣社會民眾的歷史認識。不甘寂寞的王老在報紙的寥寥數語，給了重新覽閱過去的機會，讓人知曉國民黨「大有為政府」的片面史觀背後，被竄改跟忽略的實情與故

---

[9] 參見本書〈中華民國「萬萬稅」，人民「萬萬衰」?!〉一文。

事。「大有爲」的黨國史觀，隨著馬英九的榮膺島主而更加明目張膽地，在報章電視論述中出沒著，表面上是「經濟懷舊」的說詞，往往內裡卻是「政治懷舊」的夾帶。於是，令人好奇的是，當「拚經濟」的保證成爲「芭樂票」之時，瀰漫著濃厚的「政治懷舊」氛圍的馬政府一干人等，是否可以用「票據經濟犯」將其關押呢?!

2008.12.06，荷蘭萊頓

「經營之神」是怎麼煉成的?!
還原幾個被忽視的故事

今早打開電腦,一則王永慶往生的新聞赫然出現在標題列上,從此,傳奇人物之一的王永慶,就此劃下了人生句點。不用想即知,以台灣社會膚淺腦殘之腦容量,對於「經營之神」的生平事蹟之吹捧,必定充斥整個電視和報紙新聞的版面篇幅。台灣這種極度右傾、資本家「話事」(香港話,意味「說了算」的權力)、只有頌揚所謂狹隘定義的「成功者」故事,以及習慣於錦上添花的廉價社會,對於號稱「經營之神」王董的過世,定是充滿了片面、單向度的吹捧與描繪。

然而,王董登上「經營之神」的寶座,遠非已被描寫成超凡入聖之非人的王永慶,單獨一枚即可練就;事實上,「經營之神」寶座的背後,正是你我爾等眾多小民們的雙手堆砌打造才能煉成。因此,趁此王董掛點往生之際,順勢揭開王董「經營之神」寶座後那些被掩蓋,但卻不容忽視的真實故事。

「經營之神」的美名頌稱,王董定是相當在意。尤其,多年前一位工運組織朋友,協同南亞樹林廠工會的朋友購買一張台塑股票,以股東身分參加股東會議,並借用股東會議場合質疑王董打壓工會與對工人之剝削,而要求提升工人福

利待遇云云。結果，此位工運組織者講到激動之處，脫口而出：「甚麼『經營之神』，我看是『經營之鬼』。」話方才落下，保全人員即刻箭步衝上，使出鎖喉功，將此位工運組織者脖子勒緊幾乎昏厥。事後此位朋友就被「經營之神」王董以法律武器告上法庭，小蝦米難以對抗大鯨魚的身心俱疲和纏訟，終於導致精神官能症纏上此位朋友，至此人生全盤走了樣。此一故事，在在說明了王董對於「經營之神」的稱號，可是相當在意，不容一絲絲的玷汙呢！

◎王董與塑膠的邂逅機緣

話說回來，姑不論王董到底是靠賣米致富、還是靠林班生意累積了轉進塑膠石化業的資本，王董進入石化塑膠業的機緣，乃有著各種巧合因緣的共聚才得以促成。坊間有一說法指稱，王董曾經從事過類似「山老鼠」勾當的流言蜚語，然而，的確王董早年從事木材業的過往，似乎也相當成功。至於，為何會有山老鼠故事之流傳，可能是來自於當年落跑至台灣的國民黨，旗下的政府單位——台灣省農林廳，幾乎統包全台灣的森林資源，同時此一資源，常常為了蔣介石食指浩繁之軍餉與項目繁雜的軍費支出，而扮演著填補這屢屢捉襟見肘、寅吃卯糧的窘境的重要來源之一。

亦即，林務單位對於森林資源的壟斷與濫砍濫伐，某種程度是為了填補，蔣介石戰時體制政體的軍事國防支出的「變現」而為，當年在蔣介石政府的會議上，林務單位時常

得自動請纓多砍幾棵樹，以博取主子歡顏，是故，山林資源
遠非小民們可以覬覦，於是，「山老鼠」的生意也就成了暴
利。或許，王董就是在此時空背景下，靠「林班生意致富」
的另一個心照不宣的意涵，也就有著從事著非法砍伐山林的
另一項指涉之意，而有「山老鼠」的坊間流言的產生。在王
永慶的進入石化業領域之時，其上呈給「工業委員會」的履
歷表上明顯地記載著：嘉義文益碾米廠老闆、羅東信興木材
工業廠總經理、高雄開南木業公司董事等職位經歷。[1]

　　不論如何，王董的確累積相當大的現金財富。因此，當
時PVC塑膠工業最早是由國營台灣碱業向美援會提出。提出
的理由與考慮，主要是因為台碱公司，在1950年代之後燒碱
製造肥皂與紙漿產量日增，不斷增產，但燒碱過程中產生過
剩的氯，卻必須用石灰吸收之後棄置海中，不僅浪費又增加
成本，因此若能將氯進一步製造高度漂粉及PVC，將可收經
濟附加價值提升之效。後來，「工業委員會」遂將PVC獨立
出來成為一個新的工廠，並在美國懷特公司（J. G. White）的評
估下，於1953年12月11日向美援會提出詳細創立計畫書，並
總結道：「此計畫有其需要、可行且有充分的利潤。」並建
議通過此一項目。由此間接可知，美援的資助及其隨後的監
察與考核，再加上跟隨美援進入而在台設立的相關專業團體
的評估，是中國國民黨這種，有好康大家鑽營的蛀蟲黨的防

① 參見司馬嘯青，《台灣新五大家族》，台北：玉山社，2005；王昭明，《王昭明回憶錄》，
台北：時報出版，1995。

腐堵蛀的主要措施之一，否則難保先前蛀蝕掉整片神州大陸的中國國民蛀蟲黨，會如此有經濟又有效率地讓PVC工廠得以順利設立與投產呢！

此外，當台鹼提出設立PVC廠時，原本是希冀國營，但後來在美援會等美國人背書之下，尹仲容堅持將PVC廠交由民間辦理經營。事實上，根據時任「工業委員會」技術官僚的嚴演存指出，在此一PVC廠設立消息確立之時，某經濟首長即曾私函尹仲容，希望此一計畫委交公營，以便「替外省人留些飯碗」[②]。由此可知，國民黨長期將公營、國營事業當成一黨之私家禁臠，絕對是國公營事業後來背負「效率不彰、虧損連連」惡名的重要推手，畢竟，這些國公營事業遠非真正的國家的公共事業，而毋寧是更親近於所謂國民黨黨官僚的「官營事業」。從坊間對於台灣公營事業「人事安插」罵名的指摘，即透露出這樣的端倪。

再者，當年台鹼提出PVC廠設立計畫的理由中，除了上述為了副產品氯的再利用與經濟效率之顧慮外，擴大自身權力也是主要考慮之一。儘管蔣介石在1950年，於法無據的「復行視事」之後進行了「黨的改造」，企圖將黨內派系給剷除，以免重蹈中國大陸整個失卻之覆轍，但國民黨內派系依舊頑強的存在。例如，在1969年「國庫集中收支制度」實施之前，國民黨政府內部各部會各單位，幾乎可說是「擁錢自重」，機關戶頭成了私款，難以統一調度，更不可能

② 嚴演存，《早年之台灣》，台北：時報出版，1991年再版。

進行理性的預算編列③。技術官僚出身的王昭明便曾提到：
「『國庫集中收支制度』的推行，猶如革除了軍閥割據以來
的痛。」因此，哪個單位身擁賺錢的「公營事業」，也意味
著自己的權力跟影響力相較其它單位為大；誠如，早年台糖
作為台灣創匯（透過開創出口貿易等經濟活動以獲取外匯）的主要企
業之一時，其影響力可是不容小覷。基於此，台碱當時提出
PVC計畫的另一個可能理由是，擴大自己公司規模以及擴大
自己利潤版圖，以便不僅在人事職位安插或者利潤賺取上，
都能取得更大的影響力。

　　原本，尹仲容囑意永豐餘的何家兄弟進場經營，但後
來主要因為PVC的國際價格暴跌，何義、何傳兄弟隨即臨陣
退縮，於是尹仲容便請台灣銀行查看誰存款比較多，嘉義米
商、木材商王永慶便以八百多萬存款拔得頭籌。就這樣，嚴
演存便透由趙廷箴邀約王永慶一起投資，便因緣際會地開啓
了王董進入石化業的契機。④

　　然而，當時企業的究竟應該是國營抑或是私營，每每會
被上綱到孫大砲的三民主義教條的對陣之中。或許孫文早年
眞是信仰「發達國家資本，節制私人資本」的教義，但挪移
到台灣之後，發達官僚口袋、替外省人留頭路也許才是這些
主張公營者主要顧慮之所在。誠如，當時一份給美國安全分
署的信函中指出：「我們的政策是鼓舞在福爾摩莎的民營企

③ 參見吳挺鋒，《財政政治的轉型：從威權主義到新自由主義》，東海大學博士論文，2004。
④ 參見康綠島，《李國鼎口述歷史——話說台灣經驗》，台北：黎明文化出版，1993。

業，但KMT政府卻傾向於要自己擁有運作大型企業。」因
爲，由國營企業台鹼提出的PVC廠計畫，最後落入王董手中
辦理經營之後，工業委員會的嚴演存就深受拿了王董好處的
流言蜚語，激憤難消的嚴氏本人，遂在尹仲容辭去「工業委
員會」召委一職時也跟隨去職，爾後嚴氏本人就離台赴美而
去了。

然而，當此建廠案開標之時，美國孟山都公司
（Monsanto）也刻正（正在）日本投資PVC廠，不願意原本計畫
中的台灣市場失去，孟山都公司遂透由美國議員Symington
在美國國會批評美國安全分署，讓此計畫橫生枝節，眼看王
董到手的鴨子即將飛走之際，結果，後來據說是中共間接促
成了王董PVC廠這臨門一腳。因爲就在PVC設廠計畫千鈞一
髮之際，台灣報紙登了一段王董向記者訴苦的報導，中共即
用此一報導，在其廣播中大肆宣傳美國如何欺負台灣，讓美
國基於國際政治的考慮而不管國內議員的施壓，通過了王
董PVC廠的創建。說到這孟山都公司可眞是罄竹難書，據說
孟山都，就是在全球第三世界國家推行「基因改造作物」
（GMO）的大跨國公司，孟山都公司在全球反基改作物運動
中，是主要被點名批判的公司之一。

此外，值得一書的是，出身美援時代的技術官僚並曾
高昇監察院院長的王作榮曾說，會將PVC廠給本省人經營，
乃是因爲當時外省人大多有錢，本省人企業少見云云。事實
上，此種說法無法求證，但王作榮此種說法，的確反應出當
時外省人掌握經濟大權的實情，不僅公營事業被外來的國民

黨政權掌握，連私營企業，也因為外省資本家與從中國落跑來台的國民黨關係密切，而在國民黨釋放經濟利益時，相較本省籍資本家更容易獲得統治者的青睞。

◎「經營之神」的打造——你我都有分

1954年王董的台塑剛設立之時，風雨飄搖了十年之久，直至1960年代中期，PVC企業才開始突飛猛進，並一路成長發展成今天的全球石化王國。事實上，就產業鍊的位置而言，PVC石化業乃是產業鍊中的中游位置，承接著上游的石化原料，以及下游的各種將塑膠當成原料的玩具業、紡織業等等出口導向產業。換言之，誠如學者瞿宛文指出，石化業能否成功立足，端賴三個因素：1.上游原料的穩定、充分和廉價的供應；2.現成方便的當地下游市場；以及，3.工廠運作的資本、勞力，和其它土地與自然資源的廉價和充分供應。[5]

因此，當1965年美援即將終止，國民黨政府必須自行創匯維持政府開銷時，在美援官僚的建議之下，國民黨開始進行出口導向的經濟發展模式。然而，出口不一定能夠成功找到市場，因此，台灣出口導向成功的幾個主要原因乃是，台

⑤ 瞿宛文，〈進口替代與出口導向成長：台灣石化業之研究〉，《台灣社會研究季刊》，第18期，pp. 39-69，1995年2月；〈產業政策的示範效果：台灣石化業的產生〉，《台灣社會研究季刊》，27期，1997年9月，pp. 97-138；瞿宛文、黃秋燕，〈產業政策與連鎖效果：台灣塑膠原料業發展的因素〉，《台灣社會研究季刊》，第32期，1998年12月，pp. 83-124。

灣位處於冷戰圍堵前緣、美國片面開放台灣出口產品的市場進駐，以提供美國自從1945年二戰結束後的經濟發展黃金十五年，美國工人工資上漲後的廉價品空缺。

職是之故，1966年台灣第一座加工出口區設立之時，台灣加工出口企業開始突飛猛進，王董石化產品突然有了現成方便且量大的當地下游市場的需求。這是爲何台塑於1950年代設立之後，到了1960年代之時，已經開始逐步站穩腳步，並渡過先前的風雨飄搖的十年。到了1967年之時，台塑南亞兩家公司的營業額已經佔台灣國民生產毛額（GNP）的1%之譜。

再者，1960年代國民黨壓榨農村，以農養工的政策，使得廉價勞工源源不斷地從農村向都市流竄而去，廉價勞工提供了包括台塑，以及下游的出口導向紡織、玩具等產業充沛的勞工供應。因此，1960年代台灣廉價勞工的無限供應，促成了王董站穩了石化王國的第一步，也是最重要的一步。

到了1970年代，台灣經過能源危機促發的兩次經濟危機，石化業開始成了策略性產業，政府補貼政策開始被提出。中油本身製造石化原料與油品，從1980到1988年之間，中油的石化原料虧損累積240億，但由於中油油品享有台灣油品市場的獨佔地位，因此，中油有能力對於虧損的石化原料進行補貼。說白話一點，中油自從1980年代以來，是不惜代價，壓低提供給佔據寡頭市場的台塑石化原料價格，並用其壟斷的油品超額利潤，來補貼石化原料供給價格的刻意壓低。1980年代之後，台塑可以得利於中油的石化原料的補

貼，乃是中油油品使用者──包括你我騎機車、開車者，購買太過昂貴的油品讓中油超賺而得的。尤其，1980年代台灣消費社會逐漸形成，高速公路也於1970年代末通車，中油得以補貼提供給台塑廉價石化原料的能力，乃是立基於你我作為開始成為油品民生消費者的前提之上。

事實上，在1970年代兩次石油危機造成的經濟衝擊之時，由於中油的一輕、二輕，無法供給紡織纖維等亟需石化原料的產業，為了穩定原料市場，王董首次出面聯合台灣30家企業，集資高達兩百多億元，準備往上游輕油煉解產業挺進，但被當時的蔣經國政府給否決。當然，蔣經國的否決背後，依舊有著濃厚的外省權貴統治階級，無法將自身壟斷的輕油煉解市場大餅給王董等民間企業分潤之顧慮。歷經兩

● 台塑麥寮工業園區(陳暐翔攝)。

● 台塑麥寮工業園區，成為台塑集團的新成長引擎(陳暐翔攝)。

● 從六輕的煙囪與麥寮的天空，一切便盡在不言中(陳暐翔攝)。

次石油危機,以及兩次向國民黨政府控制下的上游輕油煉解部門挺進,但都無功而返的情形下,王董就此轉戰美國德州設廠。

然而,1970年代的台灣,經濟上遇上兩次石油危機的衝擊,讓國民黨政府,開始首次大規模投入本土基礎建設和基礎重工業;同時,在政治上由於經歷蔣介石政府被逐出聯合國,以及台美斷交的衝擊,統治正當性開始鬆動,於是乎,國民黨政府在政治上著手進行「吹台青」政策,以吸納本省菁英進入政府部門中,至於在經濟上,則擴大與本土資本家的合作關係。這也是儘管王董在往石化原料產業——輕油煉解,挺進途中鎩羽而歸之後,但從1982年開始,王董的台塑石化業開始獲得中油原料低價供給的補貼,以為籠絡,這同時也是上述提及的1980-1988年間,中油的石化原料即嚴重地虧損了240億之譜的背景脈絡。

有了這段經驗之後,在1986年國民黨政權在黨外人士,以及各種自力救濟和社會運動此起彼落地不安騷動之際、社會行將解嚴前夕,當時的國民黨政府遂開始揭櫫「經濟自由化國際化、政治民主化」的大纛,以為統攝1980年代解嚴後的政經發展路徑,終於,國民黨政府在1986年解除民間設立輕油煉解的禁令。然而,王董原本屬意將六輕設在宜蘭縣的利澤工業區,但卻與時任縣長的陳青天定南槓上,甚至上演了一齣兩造電視辯論的戲碼。當時,國民黨政府礙於環保意識和環保抗爭,且解嚴之後的國民黨必須禁受選票洗禮考驗,才不敢片面且一味地忽略民眾聲音,這也讓王董在宜蘭

打造六輕的美夢最後成了夢幻泡影。

後來，政治敏感度高的王董，利用「投資罷工」的要脅開始在報章雜誌登報闡述心聲，耍弄「項莊舞劍，意在沛公」的伎倆，向政府放話施壓。當時，資本家「投資罷工」的策略得以生效，乃是在國際冷戰秩序行將冰消瓦解之際，尤其「前共產集團」的廉價勞工，不斷地釋放出至國際舞台上爭逐國際資本的青睞，讓資本得以找尋到更廉價勞工和環境生態以為寄生。爾後，值此1989年擎著「改革開放」大旗的中國政府，遇到由「反官倒（反貪汙）」引爆成的天安門事件的衝擊，讓中國自從1979年宣示「改革開放」以來，遇到最嚴厲的政經衝擊，各國資本紛紛撤出中國之際，王董卻反其道而行地於此刻挺進中國。

王董此舉，當然是立基於純資本家與生意人的顧慮，畢竟在王董的字典中，經濟利益似乎才是主要羅盤指引。於是1989年底，王董甘冒政治之大不諱，挺進中國，準備在福建海滄進行投資大展拳腳。同時，鄧小平為了後天安門的統治正當性，加大改革開放的力度，以「1130工程」的專案專門處理王董的海滄投資計畫。然而，消息走漏之後，李登輝政府對於王董施壓希冀其放棄中國的海滄投資計畫，並祭出「郝三條」（郝柏村時任行政院長）：1.停止台塑南亞和台化股票交易；2.凍結銀行與台塑集團的資金往來；3.限制台塑高層人員的出境等等，三項致命措施。

此外，在棍棒伺候之際，國民黨政府同時也塞了根胡蘿蔔以安撫王董，遂答應讓王董在麥寮填海設立六輕。投資中

國的跌跤失利,遂成了王董在台灣石化版圖擴大的利器。不得不說,王董果眞是善於在兩岸與國內政經情勢下,左右逢源因勢利導之高人。或許,王董此次投資中國失利後的局勢發展乃屬意料之外,但卻譜下了資本家巧妙利用兩岸的微妙較勁向台灣政府要糖吃的政策要脅手法。爾後,無祖國的台灣資本家,每每即是利用此種兩岸關係,裹脅逼迫著台灣政府政策的向中國一路傾斜而去。

當然,1998年麥寮六輕1998第四期完工,緊接著2000年的台灣油品市場自由化之後,王董的福爾摩莎石油更是荷包滿滿,尤其其更利用國際石油價格上漲之際,國內油品相較低廉時,將國內油品供應責任推給中油,然後福爾摩莎石油百分之七十出口國外價格高企(香港話,形容價位高昂且有再升高之可能)的市場,而屢創驚人之利潤。

簡言之,1960年代、1970年代,台灣的廉價勞工、零環保以及

●2000年,台灣油品市場自由化之後,台塑石油進入市場分潤原由中油獨佔的油品市場,讓台塑集團石化產品一條龍服務,成為台塑集團獲利金雞母之一(著者攝)。

● 照片乃台塑公司的高雄前鎮廠，幾年前被高市府劃歸為「高雄多功能經貿園區」的工廠用地，但在2005年的土地環境檢測中，檢驗出包含此一台塑前鎮廠，以及隔鄰的國泰化工、中石化舊廠址的土地早已遭到重金屬與汞污染，而被環保局公告為「污染場址」。台塑的石化業成為「王國」之時，台灣的環境卻有「亡國」之虞，石化業和環境之間的矛盾兩難，至今仍深深困擾著台灣社會(著者攝)。

相關廉價的土地資源等等，奠下今日台塑石化王國的第一塊基石。1980年代之後，王董則是利用低度環保，在國內和國際環境變遷之際，讓中油以從國人口袋中挪移和補貼台塑石化原料的方式，使得台塑石化王國不斷地壯大。這也是為何台塑集團跟台灣環保和公衛，有著看似相關的抵換關係，因此，台灣石化業所在的高雄縣仁武鄉的致癌率，在台灣一直處於拔尖狀態，同時工業局的雲林麥寮六輕致癌評估報告，和成功大學公共衛生學者詹長權研究皆指出，六輕與鄰近

鄉鎮的罹患癌症似乎有顯著關係云云[6]。至於1990年代的王董，則在兩岸政經情勢互動較勁，以及國內政經秩序大幅度更動的年代中，以資本家的「投資罷工」爲武器，在兩岸的政經處境中找到其「阿基米德利基」（Archimedes niche，利基點，利益的中心點），撐起王董今天的台塑王朝！

不過平心而論，相較於下游的出口導向，工廠必須跟全世界競爭，因此工人工資與福利待遇鐵定是相當嚴苛精瘦（mean and lean），台塑這種寡占台灣市場的企業，其工人待遇則有相較優渥的基礎。然而，台塑對待工人也並非總是那麼慷慨與人性。

王董作爲經營之神對於忠誠勞工的培養，乃相當有一套。爲了培植一群忠心耿耿的基層幹部與勞工，明志工專遂成了企業內的紅衛兵，升遷管道與速度相較其它背景者快速。畢竟，藉由內部特權階層的創造，不僅可以造成工人內部分化的效果，同時，從學校即開始進行企業式的規訓和馴化，在在皆有助於企業勞力的穩定與向心力。王董，眞不愧是「犀利」的「經營」之神，勞工管理果眞是一把罩。

然而，1980年代是台灣騷動的年代，當時台塑高雄南亞廠的顏坤泉，對於台塑內部的嚴苛開始出聲攻擊，並嘗試將台塑的閹雞工會改造成自主工會。根據當年南亞工人顏坤泉的口述回憶指出：「升遷制度在被出身明志工專等紅衛兵系統佔據之後，其它背景者的升遷管道則屢屢受阻。1980年

---

[6] 〈成大2005年已完成報告‧六輕致癌評估‧工業局暗槓〉，《自由時報》，2009年6月9日。

代,台塑內部女性勞工,只要結婚或懷孕大肚子就會如同銀行業一樣,被從辦公室調到工作現場,使得必須倚靠工資收入的女性員工,不敢結婚或懷孕,形成了『單身條款』的現象。至於男性員工,對於年資高不聽話者,則利用南北對調的方式進行逼退[7]。」台塑南亞廠的顏坤泉遂在解嚴前夕,破天荒的將台塑資方控制的工會順利改造成自主工會。

　　由於台塑工人開始騷動,也逐漸讓宛如多眠狀態的勞工的權利意識逐步解凍甦醒,於是,王董便使出意識型態馴化的絕招。王董於1987年5月27日,偕同其善歌的姊妹一同召開記者會,鼓吹提倡國人誦唱優美的創作歌謠,並特別舉辦第一名獎金十萬元的「徵選歌詞歌曲活動」。記者會上,王董指出:「台灣生活富裕、教育普及,經濟發展到顛峰之際,益懷念當年勤儉樸實創業的歲月,希望能透過有心人的筆,創作能洗滌塵慮、淨化心房的歌詞、歌曲,傳唱於社會各角落。」後來,這首王董出資徵選的好歌,即是市井街坊廣為流傳的《愛拚才會贏》,歌曲中的「三分天注定,七分靠打拚」,亦就成了告誡當年正在騷動不安的勞工,必須繼續保持「多勞多得」的拚搏精神,安分於自身的工作崗位上頭,等待打拚的美好果實等等反動意識型態的宣傳灌輸[8]。

⑦ 顏坤泉訪談,2007年3月15日,筆者採集。

⑧ 關於《愛拚才會贏》此一歌曲的誕生,以及台塑南亞自主工會的事蹟故事,請參見收錄於《黨國治下的台灣「草民」史》的〈工運小史料補遺:從曾茂興的逝世談起〉一文(陳奕齊著,前衛出版,2010)。

愛拚才會贏

一時失志嘸免怨嘆，一時落魄嘸免膽寒，

那通失去希望，每日醉茫茫，

無魂有體親像稻草郎，

人生好比是海上的波浪，有時起，有時落

好運、歹運，總嘛要照起扛來行，

三分天注定，七分靠打拚，愛拚~才會贏！

　　不論如何，王董的「經營之神」美名，即是立基於這樣的歷史政經條件之下而獲得。如今，王董已經駕鶴西歸，也說明了一個時代的逝去和闔上；或許，關於王董的時代是過去了，但王董及其「經營之神」稱頌的背後，卻依舊有些值得吾人必須理解且不容遺忘的事實。「經營之神」不是世出偉人，不過就是在這樣的歷史、社會與政經條件之下修煉而成——在你我都有分參與的前提下煉成的!!

2008.10.17，荷蘭萊頓

3 「一個中國」vs.「兩個中國」

　　「一個中國」、「兩個中國」，抑或是「一個中國、各自表述」，甚至「一中一台」的問題，可說是長期懸浮徘徊於台灣社會上空的幽靈，屢屢讓台灣社會深陷其中而無法自拔。

　　然而從歷史看來，當中國國民黨落跑台灣之後，不論國民黨在意願上或者心態上是否要成為一個新的國家，兩個國家的格局，早就伴隨著台灣海峽的兩岸隔離所帶來的彼此分治時，即已形成。也唯有將兩岸放在兩國對陣格局之下加以理解，方才得以解釋：為何深陷中國大陸內戰狀態的國民黨是如此糟糕，但在轉進台灣之後卻得以有著看似天壤之別的表現。

◎現實上的兩國：從「內戰」到「國境戰爭」

　　事實上，台灣作為一個「現代國家」的基本配備，是在「國民黨」手中打造出來的，不論國民黨叫它為「中華民國」或「自由中國」的名稱。從「國共內戰」演變成「兩個國家間」的戰爭，其實早在1959年4月，外交部為了澄清國

際上對「兩個中國」的疑慮，要求各單位涉外時的名稱必須有所更動統一時即已昭然若揭。早先，國際上稱呼中共控制下的地區為「Red China」（紅色中國），抑或是「Communist China」（共產中國）；而國民黨的自我宣稱或者外國媒體則用「Free China」（自由中國），來稱呼台灣的國民黨政權，如此便形成了國際上對「兩個中國」並存現狀的認識和接受。基於此，深怕「兩個中國」的實情混淆國際視聽，以及對國民黨政府在聯合國代理的中國代表席次有所懷疑，外交部便通令各部會機關，以後對共產黨中國統一稱之為「The Chinese Communist」（中共），並要求我方必須自稱為「The Republic of China」（R.O.C./中華民國）。①

外交部此一通令，剛好坐實了「兩個中國」的現實，不論是基於心理上的自我安慰、基於意淫的自high，抑或是給小民們一種不實際幻想以作為統治的需要，此一頭銜稱呼的統一化通令，在在說明了台海兩岸，早已經區隔分殊（各邦自主政策）出兩個不同的國家。

再者，正是因為戰爭，抑或更具體的說，因為「內戰」轉變成「兩國間戰爭」，才足以在理論上解釋，為何中國國民黨在中國大陸上頭被共產黨打到抱頭鼠竄、落花流水的不堪，竟然在退至台灣之後，其表現有著雲泥之別──在國家有效統治以及經濟表現等等兩個指標上，皆是如此。換言

---

① 〈澄清「兩個中國」觀念・外交部規定名詞使用〉，《高港簡報》第154期，1959年4月16日。

之，同一批國民黨官僚，在中國大陸土地上跟在台灣土地上，兩者前後表現的差別，究竟從何來？也只有進一步對此種落差提出解釋，才能進一步解構掉「國民黨史觀」，以及馬英九利用「經濟懷舊」夾帶威權「政治懷舊」的狡獪詭計，與這背後「高級外省人統治有理」的基礎。

亦即，中國國民黨向台灣民眾兜售的是，其拚經濟的歷史信用，並搬出一系列優秀的技術官僚，如嚴家淦、尹仲容、楊繼曾、李國鼎、俞國華、俞鴻鈞、徐柏園、蔣夢麟、沈宗翰、孫運璿、李達海、王作榮等等……，來證成「高級外省人」對台灣的統治有理。同時，在這樣的基礎之上，一種特殊的「國民黨史觀」就深深地烙印在主流報章媒體、教科書之中，形成台灣民眾腦中不約而同的全民共識。

然而，此種「共識」，不過是以統治者──國民黨為中心所書寫、宣傳的片面歷史。除了1950年6月爆發的韓戰，讓岌岌可危的蔣介石政權，獲得軍援和經援所構成的美援挹注支撐之外，冷戰形成的對峙格局，以及國民黨退守台灣之後，跟共產黨形成的「國境戰爭」，才是國民黨在台灣立足腳跟，取得有效統治的起點。

台灣海峽所區隔的不僅是空間帶來的心理距離，更有著國家透由戰爭和備戰的動員過程，進行「國家能力」的培力（empowerment）契機。事實上，翻開歐洲的現代國家基礎的形成，戰爭是不可或缺的一部分。為了因應戰爭，國家經由備戰動員，建構出一套資源掠奪的系統，方能有效地對戰爭的三大資源──丁、糧和稅，進行徵收以服膺和支援戰爭的需

求。

於是，學者Michael Mann所言的「國家基礎行政權力」（infrastructural power），便在戰爭和備戰動員的過程中打造形成。同時，隨著戰爭動員的需求，一套深入「社會肌理」（social fabrics）的行政手臂，也就此次第順勢地延展張開。以二戰之後的高雄港治理而言，戰後的港口沈船打撈到復甦，以及港口的擴建在在都與戰爭動員有著密切的關係。即使就連高雄港第二港口的及早興建開挖，並在海運的貨櫃時代來臨之後，讓爾後第二港口在處理貨櫃進出中取得傲人實效，也是基於戰爭需求和顧慮的藉口之下，政府才投入這樣的鉅額耗費和困難工程的興建。

因此，國民黨退守台灣之後所形成的「國境間」戰爭狀態，逐步讓兩岸分治演變成「兩個中國」的現實。畢竟，當國民黨在同一塊大陸土地上頭，與共產黨難以區分敵我，儘管「國共內戰」的戰爭一直持續，但是在此種狀態之下，透由戰爭動員所進行的丁、糧與稅的徵收，都會讓不堪橫徵暴斂的小民，輕易地轉變成對手的支持者。因此，國民黨的剿共失敗，乃在於中國大陸農村地區農民的窩藏幫忙，和都市工人的挹注協同等。

職是之故，戰爭，或者具體而言：「國境間戰爭」，讓國民黨在中國大陸與台灣島上，有著不同的統治能力和治理表現，這是戰爭動員下，透由丁、糧、稅的盤剝和徵收所達致的成果。唯有放在此一脈絡之下理解方可以解釋，同一批國民黨官僚，在過了一個海峽之後即蛻化成有神人般的

優秀，並累積出國民黨拚經濟的歷史信用卡。不是出身一群
「高級外省技術官僚」的秀異特出使然，更遠非是國民黨的
痛改前非，而是在一種冷戰格局編排下的美國保護為舞台，
所展演的「國境間戰爭」的動員體制的國家培力，和國家打
造（state making）的契機所致。[2]

◎小平同志也認為「兩岸是兩國」

話說1983年6月26日，對岸的中共領導頭子鄧小平，在
會見美國紐澤西州西東大學教授楊力宇的會談中，提及「中
國與台灣和平統一」的設想時曾經指出：

> 我們不贊成臺灣"完全自治"的提法。自治不能沒
> 有限度，既有限度就不能"完全"。"完全自治"就是
> "兩個中國"而不是一個中國。制度可以不同，但在國
> 際上代表中國的，只能是中華人民共和國。我們承認臺
> 灣地方政府，在對內政策上可以搞自己的一套。臺灣作
> 為特別行政區，雖是地方政府，但同其他省、市以至自
> 治區的地方政府不同，可以有其他省、市、自治區所沒
> 有，而為自己所獨有的某些權力，條件是不能損害統一
> 的國家的利益。

---

[2] 從內戰到國境間戰爭的表現，可以參見黃金麟，《戰爭、身體、現代性》一書中CH4：〈戰
爭與治理〉、CH5：〈敵體化的社會〉兩章節。《戰爭、身體、現代性》，台北：聯經出版
社，2009。

　　祖國統一後，臺灣特別行政區可以有自己的獨立性，可以實行同大陸不同的制度。司法獨立，終審權不須到北京。臺灣還可以有自己的軍隊，只是不能構成對大陸的威脅。大陸不派人駐台，不僅軍隊不去，行政人員也不去。臺灣的黨、政、軍等系統，都由臺灣自己來管。中央政府還要給臺灣留出名額。

●鄧小平(取自維基百科)。

　　老鄧同志此一說法，意外地戳破了台灣跟中國目前的狀態即是「兩個中國」的實情。畢竟，「完全自治」——即目前現狀，則是結結實實地「兩個中國」的狀態。因此，不論中共跟國民黨彼此宣稱「一個中國」且不管「有沒有各自表述」，其實都只是雙方相互意淫的自high罷了，彼此的統治權並不及於對方乃是不爭的事實。

　　老鄧此次會見楊力宇的談話中，其實正是按照1981年9月，葉劍英提出的九條方針和鄧穎超在1983年6月，中共政協第六屆第一次會議開幕上講話的口徑（對事情見解統一的標準），即是「一國兩制」的實踐翻版。此次會見的時間，剛好是中國跟英國，針對香港九七後前途如火如荼地展開談判

之際。

當時英國首相柴契爾夫人，剛在1982年6月贏得英國與阿根廷間的「福克蘭戰爭」，刻正處於氣高勢昂的氛圍中，讓自我感覺良好的英國，還以為依舊徜徉在「帝國榮光」之中。結果，鐵娘子柴契爾夫人，於1982年9月在北京與小平同志會面談判時，小平同志一席話：「中國人窮是窮一點，但打起仗來是不怕死的。」不知怎地嚇著了鐵娘子，讓步出人民大會堂階梯的柴契爾夫人，踩了個空跌了個跟蹌「仆街」（仆死街頭）。果真，後來中英談判的氣勢彼此翻轉，香港前途也就此「仆街」（PK）了。最後，中英雙方彼此的爭拗便轉移到「高度自治」的議題上頭，亦即——中共要求國防駐軍跟外交必須由中共

●柴契爾夫人(取自維基百科)。

掌控。儘管英國百般抗拒，依舊改變不了最終的拍板定案。

因此，從鄧小平同志對於軍事跟外交的掌控誰屬，作為「高度自治」或者「完全自治」（無異於獨立）的主張看來，馬英九榮膺島主之後，一系列的「外交休兵」和「去軍事化」的政策看來，果真是服膺配合著小平同志的認識主張——就地「去外交」與「去軍事」，讓台灣從「完全自

治」的現實降格爲「高度自治」狀態，「一國兩制」的目標
即可就地實現。

◎死守「中國」的名稱

　　早年，不論中國國民黨自稱，或者國際通稱台灣的政
府爲「自由中國」（Free China）是否眞如宣稱般「自由」，國
民黨倒也樂於當眞擔綱起「自由中國」的角色扮演。因此，
在1953年6月21日的《聯合報》社論：〈應即建立全國性貨
幣制度‧請將新台幣正名爲自由中國國幣〉一文中，就曾力
主廢除新台幣改換「自由中國國幣」。其理由無非是，一國
的貨幣必要具有全國性的本質，因爲貨幣是國家的，地方性
的貨幣則是一種臨時性的貨幣，祇是一種權宜的措施。如果
以地方性貨幣長期代替全國性貨幣來流通使用，不論對外對
內，都不足以名正言順。必也正名乎，因此《聯合報》社論
遂建議應即廢止台幣，建立全國性的貨幣，名之爲「自由中
國國幣」。

　　緊接著，此篇《聯合報》社論繼續說著令人噴飯絕倒的
天方夜譚：

　　　　……現在台灣是新中國的復興基地，是自由中國政
　　府的所在地，不論軍事政治等，都具有堂皇冠冕的全國
　　性規模，足以昭示世界各國，惟獨所流通的貨幣仍然沿
　　用地方性貨幣——台幣的名稱，實在缺少全國性規模的

意義。以地方性臨時貨幣的新台幣長期的代替全國性貨幣，確非名正言順之道。台灣地方雖小，但究竟是新中國的復興基地，是自由中國政府的所在地，是中華民族命運所繫的地方，尤其是大陸民心所傾向歸趨的地方，凡是有關全國性的制度就應該建立全國性的規模，貨幣制度絕不能例外。

我們建議應該即時廢止新台幣的名稱改用國幣的名義，以為自由中國的國幣，另行印製發行自由中國國幣的鈔票，以一元比對一元的收回新台幣。並在國幣加蓋金門兩字在金門流通，加蓋大陳兩字在大陳流通。這不是幣制改革，而是正名定分，使自由中國行使全國性度的貨幣，使自由中國的國幣具有全國性的規模，不再以地方性貨幣長期的代替全國性貨幣。

而且，建立自由中國的國幣，現在就使貨幣制度具有全國性的規模，更具有為反攻大陸後，統一全國貨幣制度奠下了一個始基。因為銀元券制度雖然沒有廢止，但銀元券於反攻大陸時是否仍然適應收復地區的環境，確實不無疑問。再假如在反攻大陸之時，仍再採取如東北流通券舊台幣的權宜措施，則將來要統一全國紛歧各異的幣制，勢必極費功夫。更假如以新台幣加蓋江蘇兩字在江蘇省流通，加蓋河北兩字在河北省流通，也就不能名正言順。如果現在就建立自由中國的國幣，使之具有全國性貨幣制度的規模，有代表全國性貨幣的意義，屆時加蓋各收復省分的省名，就可以在各該省流通，俟

收復全國各省時，再統一整理幣制，就事半功倍了。

結果，如同上述，「自由中國」vs.「紅色中國」可能帶來的「兩個中國」的疑慮，讓「自由中國」的自我標榜稱呼，逐漸淡出於政府機關的涉外和對內文件中，並由外交部通令各政府機關必須自稱為「中華民國」，而把對岸「中華人民共和國」稱之為「中共」（The Chinese Communist）。當然，《聯合報》社論此種「自由中國國幣」的呼籲跟用心，也就成了笑話一則。於是，各自發行的新台幣跟人民幣，也就間接地表明了海峽兩岸間分屬兩個不同的國度了。

直至蔣介石政權在聯合國席次的代表權，於1971年被對岸「中華人民共和國」取代之後，中共深怕「中華民國」的名稱，可能帶來兩個中國的疑慮，反過頭來而處處在國際上封殺「中華民國」（R. O. C.）的名號。

1973年3月12日，還在佛朗哥獨裁統治下的西班牙，選擇跟中國建交，堅持漢賊不兩立的蔣介石為了顏面，遂宣布與之斷交。進入1980年代的西班牙，已經擺脫佛朗哥獨裁體制，往更開放與文明的社會過渡。於是，西班牙在1981年7月，由其經濟部長出面邀我政府，希冀就增進兩國經貿關係進行談判，台灣政府則派出前國貿局長汪彝定和蕭萬長主談。台西雙方對於經貿實質內容的談判相當順利，皆無異議，直至兩國政府協定簽署的國名問題之時，遂因國民黨政府冥頑不靈的死捧「一個中國」的神主牌法統，與「漢賊不兩立」的道統堅持，導致台西雙方的努力破局。

　　當時，台灣堅持簽約的名稱為：1.「Republic of China」；2.「Taiwan, R. O. C」；3.「R. O. C」；4.「ROC」。不能接受「ROC」字眼出現的西班牙，在中共潛在認可下，由西班牙向台灣方面提出四個名稱：1.「Republic of Taiwan」；2.「Taiwan」；3.「China（Taiwan）」；4.「China（Taipei）」。結果，蔣經國竟然不予接受台灣共和國字眼，或者以台灣為簽約主體的字眼。原本在中共默許下西班牙提出的折衷方案，是允許以台灣為簽約主體，而ROC則是徹底禁絕被拋棄的，但死守中國名諱的國民黨政府，棄當時可被中共接受的「台灣」此一名稱方案如敝屣，導致爾後台灣的國際困境，國民黨死守「中國」此一名諱的頑固偏執，實是難辭其咎啊！當然，台西雙方經貿合作協定最後沒簽成，只剩僅供雙方參考用的備忘錄罷了[③]。

　　歷史果真弄人，當國民黨政府霸佔聯合國代表席次之時，要求國際將「中華人民共和國」（People's Republic of China）稱之為「The Chinese Communist」；如今，當中華人民共和國取代國民黨政府的聯合國席位之時，「中華民國」即被貶抑為「Chinese Taipei」。於是，從以上歷史看來，諷刺地，多少的罪惡竟都是假「Chinese」此一名稱以行啊！

2009.04.03，荷蘭萊頓

③ 此段台西雙方經貿合作的談判歷史，清晰地記載在汪彝定的回憶錄中。汪彝定，《走過關鍵年代──汪彝定回憶錄》，台北：商周出版社，1991。

國民黨的「去中國化」 與「正名」運動

從招商局到陽明海運

◎轉型正義 ≠ 正名

從威權轉型過渡到民主化的新興民主化國家，不論東歐前共產國家，抑或是南非此種「種族隔離」國家，在民主化進程中，往往會遇到威權獨裁歷史和制度遺產的處理問題。於是，對於威權時期那段鮮活的歷史 —— 不論是對人權普遍的蹂躪、面對高傲的加害者，以及無數身心俱殘的受害者等等，吾等應如何面對和處置呢？因此，所謂「轉型正義」（transitional justice）的議題，往往會成為新興民主國家的政治和道德難題[1]。

概括而言，國際上轉型國家通常會有四種「轉型正義」的措施，分別是：1.最嚴屬的是將下台的威權領導者送進司法大牢之中；2.清洗 —— lustration，亦即前共產主義國家常

---

[1] 吳乃德，〈轉型正義和歷史記憶 —— 台灣民主化的未竟之業〉，收錄在《思想》第二期，2006.06，台北：聯經出版，頁1-34。

採用的方式，將前官僚共犯清除出公共領域或政治領域；
3.類似於南非的「真相委員會」（truth commission），讓社會的
加害者和受害者能採用類似告解的方式取得彼此諒解寬恕，
但同時則停止司法追究；4.第四種方式，則是用特赦的方式
處理過去的威權遺產[2]。

　　根據荷蘭萊頓大學Dr. Tak-Wing Ngo（吳德榮教授）指出，
台灣在民主轉型過程中缺乏「轉型正義」的四個主要原因，
可能是台灣漸進式的改革過程中，同一批官僚跟政客的高度
延續性，讓轉型正義變成比較不可能，畢竟，要求有權者
「自宮」乃是天方夜譚之事。再者，在台灣民主化的改革過
程中，各方權力的平衡考量，則是另一種「轉型正義」無法
在台灣付諸實踐的可能原因。復次，某種程度來說，過往頗
為亮眼的經濟繁榮，不僅成了統治正當性的主要來源，同時
也降低對過去政客與官僚追索清算的動力。最後，認同政治
的爭拗──國家認同與省籍問題，以及國家安全的顧慮等
等，在在都讓「轉型正義」在台灣，成了相對艱辛的任務
[3]。畢竟，當年國民黨的不義迫害，主要是由軍方和情治單
位作為政治打手最前線，若要將此些政治汙垢「清洗」，可
能會對國家安全造成斲喪與反挫。

　　事實上，台灣「轉型正義」的工作，基本上皆是由民間

---

[2] Tak-Wing NGO教授演講，2008.04.15荷蘭萊頓大學。

[3] Tak-Wing NGO, "Public Sector Reform and Bureaucratic Purges : Transforming the Party-State in Post-Authoritarian Taiwan", Paper presented in the 20th IPSA World Congress "Is Democracy Working?", 9-13 July 2006, Fukuoka Japan.

自己DIY。誠如「1995台大的哲學系事件報告」中，事件的當事人兩造曾經公開進行一場對質交鋒，但當年此一當事人對質的場合，依舊處於各說各話的狀態。畢竟，誠如英國學者山謬‧強生（Samuel Johnson）的名言：「愛國主義是流氓的最後庇護所。（Patriotism is the last refuge of a scoundrel.）」於是，只要當事人堅持「舉報匪諜，人人有責」乃是「愛國行為」的表現時，各種違反人權的行徑，即有可能被合理化。然而，這幾乎是台灣白色恐怖年代下，少數加害與受害當事人兩造碰面對質的場合，爾後，類似的機會就幾乎付之闕如。當年被指控為「台大哲學系」事件中「職業學生」的主角——馮滬祥，並未因其當年行徑而受到絲毫的追究與懲罰，反而還當選立委，成為風光一時的政客。但令人啼笑皆非的是，馮滬祥卻因菲傭性侵害案才受到司法審判，而臭名遠播。台灣，果真是個離奇的社會哩。

那麼，缺乏「轉型正義」的台灣怎麼進行民主「轉型」的呢？事實上，台灣的轉型可說是「轉型公平」（transitional fairness），並美其名曰民主化，亦即讓過去所有被一黨壟斷的各項產業、各種職缺好康，全數開放進行市場競爭，以使反對黨人士也可以從中分一杯羹。具體言之，「國會全面改選」，意味著民進黨或者其他黨派人士，想掙脫國民黨的寡頭狀態，進入這個「選舉市場」的遊戲中。基於此，民進黨在任時最在意的「轉型正義」便聚焦在「黨產」身上，畢竟，此乃是攸關競選遊戲中，灑錢能力高低差的主要元凶。因此，陳水扁政府在位之時，其所著眼跟高度關懷的種種

轉型議題，遠非「正義」（Justice），而毋寧是一種所謂「公平」（Fairness）的議題；換言之，國民黨的天文數字般的黨產，讓民進黨在競選過程中，屢屢處於劣勢和立足點的不平等，招致選舉遊戲的不公平競爭狀態。

因此，一旦「選舉萬歲」成爲台灣民主化的主要途徑道路之後，民進黨政府反而不以政治手段，進行「轉型正義」此一「國家再造工程」（state project），反而隨著民進黨愈加嫻熟，以及熱衷著魔於各種選舉換取權力的遊戲時，其所關注的議題，遂限縮聚焦在各種會造成選舉不公的「轉型公平」問題上頭[④]。

除了國民黨「黨產」議題之外，陳水扁任內最常以「轉型正義」之名，進行各種簡單與表面的「正名」，以企圖抹除台灣天空上頭的「中國法統」遺跡。儘管，阿扁任內對過去政權所遺留的種種不義，只以花拳繡腿式的「正名」企圖混水摸魚帶過；然而不幸的是，連阿扁此種膚淺廉價的「正名」運動，都遭受到各種假道學上身的學者詰難、腦殘小藍媒的批評，以及化石般國民黨的強大阻擾而功虧一簣。

事實上，必須指出「去中國化」的「正名」運動並非起於民進黨，反倒是那個以「自由中國」爲名，並自我吹噓爲全球的，「中國」唯一合法總代理的中國國民黨政權。這一切，乃是起於虛妄的謊言破功之時。

---

④ 關於「轉型公平」的概念，可參考Shinichi，〈誰在挑撥「族群」？誰在消費「階級」？〉，收錄於《超克GGY：「郭冠英現象之評析」》，台北：前衛出版社，2009.05，頁63-69。

　　話說1971年，台灣的蔣介石政權狼狽地從聯合國席次被驅逐之後，中華人民共和國成為正統與正港的中國代理，凡是先前國民黨在國際上以「中國」為名的財產與產業，面臨了中共的全球大追討。例如，當日本、泰國、菲律賓等等……，邦交國琵琶別抱之後，正統的中國隨即接收國民黨政權在海外的各種館產。

　　迨至1979年元旦，當美國山姆大叔愛上新歡並與對岸中國私訂終身之際，當時的美國卡特政府，即提出一套對「中華民國」在美國財產的認定標準：凡是1949年以前購買的，都得移交給中共，至於1949年之後由台灣老百姓繳稅所購買的財產，則歸屬於台灣的人民。因此，位於華盛頓特區的雙橡園（Twin Oaks），這棟於1937至1978年曾作為「中華民國駐美大使館」官邸的古蹟建築，也差點被中共給追繳。幸而，在美國親台的國會議員鼎力協助之下，美國國會於1979年3月29日制訂通過《台灣關係法》，並於第四條中規定：「美國承認中華人民共和國之舉，不應影響台灣統治當局1978年12月31日之前取得，或特有的有形與無形財產的所有權，及其他權利和利益，也不影響台灣當局在該日之後所取得的財產。」⑤

　　然而，當蔣介石失去聯合國席次之時，各項「去中國化」的「正名」運動正悄悄地展開，以逃避「正統」與現實上的中國，對國民黨政府此一「贗品」與虛構的中國各項

---

⑤ 參考民視《台灣演義——雙橡園的故事》，2009.09.13。

財產的國際大追索。英文名稱爲"China Merchant"的招商局，從清朝設立到被蔣介石政權裹脅來台，爾後，在失去聯合國承認之際進行「去中國化」爲「陽明海運」的過程，委實是卷「中華民國『在中國』」，轉變成「中華民國『在台灣』」的歷史縮圖。

◎一分爲三的招商局

說到「招商局」（China Merchant），年輕一輩的台灣人可能無啥印象，縱或老一輩者有印象，也可能僅止於名稱上的熟悉罷了。事實上，台灣的「陽明海運」（Yang Ming Group），即是由招商局演變而來的。

招商局乃是創辦於清同治11年 —— 西元1872年，翌年1873年1月17日，招商局在上海正式開業。1月19日，掛著雙魚旗和龍旗的招商局「伊敦號」海輪滿載貨物，首航香港，同年5月分，香港設立招商局分局，並成爲英國殖民下香港的首間「中資」公司。

自從1842年鴉片戰爭清廷大敗以來，《南京條約》（或稱《江寧條約》）中規定洋人輪船可以行駛中國沿岸各地，迨至1858年在第二次鴉片戰爭下又簽署《天津條約》以求媾和，外國人輪船又進一步可行駛長江，一時間各國商旅絡繹於途，便利異常。於是，當時清廷直隸總督李鴻章即建議成立「輪船招商局」，以便從外人獨享的厚利中分潤。

但由於清國政府迂腐，守舊派人士認爲此舉將使民間

河船生計大受影響，唯獨李鴻章力排眾議指出：「河船將逐漸被淘汰，咸豐年間河船多達三千艘，同治年間已剩下四百艘，如果再不成立輪船招商局，不但海上的利權失去，連河運也將落入外人手中。」是故，清同治11年，招商局正式成立，由朱其昂主其事，並佐以幹練精明的盛宣懷為襄助。在三、四年的光景內，招商局已奠定初步基礎，而與當時的英國太古、怡和並稱「三公司」⑥。

　　一開始時「招商局」乃「官督商辦」，頗有今天「公辦民營」或者「委外」的樣態。但是隨著中國軍閥割據，國民黨遲至1932年，才在形式上統一全中國並建立「南京國民政府」。由於，經濟命脈對於政權的維繫息息相關，1931年9月18日的「九一八事變」爆發後，在外敵環伺侵略下，南京國民政府「發達國家資本」的經濟統制意識型態，逐步獲得強化與正當性，並陸續設立「建設委

●1945年戰後初期，政府接收之公營事業係隸屬於「行政院資源委員會」底下。1952年，資委會歸併經濟部，並改為「國營事業司」，迨至1965年，經濟部再度改組「國營事業司」，成立「公營事業企業化委員會」，之後在1969年2月，又將成效不彰的「公營事業企業化委員會」改頭換面為「國營事業委員會」(國營會)。儘管，「資委會」已經走入歷史，但是從中油logo中的那把火下頭的「資」字，仍可見早年「資源委員會」的歷史遺留(著者攝)。

⑥《香港明報》，〈招商局與香港系列特約專輯〉，2002.12.17-19。

員會」、「經濟委員會」、「國防設計委員會」、「資源委員會」等等，強調經濟統制功能的機構。在這些統制性經濟機構的背景下，各種經建計畫紛紛出台：例如，實業部的四年計畫、資源委員會的三年計畫、國民黨中央的五年計畫等等⋯⋯，力圖以計畫政策推動國營工礦業的發展。踵繼其後，國民政府並開始著手實施金融和貨幣等等制度的改革。

在此背景脈絡下，輪船招商局遂在強制性的行政手段下於1932年被收歸國有。事實上，打從1927年下半年伊始，國民黨與交通部早就用各種名目與理由，對招商局內部的人事進行滲透以便就近監管，迨至1932年春，國民黨中央政治會議議決，將招商局撥歸交通部管轄，並易名為「國營招商局」。

據中國學者虞和平指出：「招商局10月收歸國營，趁招商局股票跌價之機，將每套（包含2股航業股和1股產業股）價值300兩的股票以50兩的價格強行收買，從而以幾近趁火打劫的方式，實現了將招商局國有化的目的。」[7]

1937年8月13日，日軍進攻上海招商局局本部，為了減輕招商局的財產損失，總經理蔡培基帶領幾艘輪船與部分人員，遷往戰爭孤島──「香港」避敵，同時也設立辦事機構，讓香港辦公室成了招商局臨時指揮中心。直至1945年日本投降後，招商局香港分局遂得以恢復。之後，隨著國共鬥

---

[7] 虞和平，〈以國家力量為主導的早期現代化建設──南京國民政府時期的國營經濟與民營經濟〉，收錄於《現代化研究》第二輯，北京：商務印書館出版，2003.09。

爭日熾,中國國民黨敗象已現,1948年10月,國營招商局遂進一步改制為「招商局輪船股份有限公司」。此時,國營招商局香港分局,也正式易名為「招商局輪船股份有限公司香港分公司」,並於1949年2月10日跟港英政府辦理了登記註冊,領取營業執照而成為相對獨立的經濟法人。

1949年初,中國國民黨蔣介石政權落跑台灣,暫時得以苟延殘喘,當時80%的招商局的輪船,幾乎被國民黨裹脅之下而轉運台灣,其餘少數船舶,則留給中國共產黨組建的新中國所成立的「中國人民輪船公司」。爾後,國共兩黨展開了一場對輪船船長「汝策反,吾反間」的爭奪遊戲,並上演了多齣精彩的船長與船舶拉扯戰,而最終寫下香港招商局所謂「十三輪起義」的故事,讓香港招商局旗下總共17艘輪船,改投共產黨新中國的懷抱之中。

●1953年出版的面值五分的人民幣上頭的輪船圖像,描寫的即是十三輪起義中的故事(取自維基百科)。

早在蔣介石轉進撤退台灣前夕,國民黨便將招商局船舶一分為三:一部分留在上海、一部分駛往台灣,最後一部

分則轉進香港。1949年9月28日凌晨，招商局「海遼號」客貨輪拉響所謂「起義的汽笛」，開足馬力朝向已被中共解放的大連港前進。此一驚天一舉，拉起了國共招商局的護產鬥爭，最終香港招商局還是在1950年9月2日，接下由中共交通部頒給香港招商局的證明書，確認其乃中國交通部下轄海外企業。先前中國1953年出版的，舊版五分人民幣紙鈔上頭的那艘輪船，即是「海遼號」客貨輪的故事。

◎船舶爭奪戰

在「海遼號」所吹起的號角激盪之下，1950年1月，招商局「海辰號」船長張丕烈駛離台灣開赴日本吳港，並聯絡當地組織幹員，準備投效共產黨新中國。張丕烈在日本承租一家旅社客廳，親自動員並鼓勵與會船員簽名參加起義。然而受到出賣導致消息走漏，而在「海辰號」駛離日本往中國青島奔去的途中，突然遭到中國國民黨軍艦的近身攔截，並即刻將人船一併押解返回高雄港。1950年3月22日，「海辰號」一靠岸，張丕烈隨即被急衝上船的憲兵包圍逮捕，並於1950年7月11日以「準備發動叛亂」為名，於台北馬場町刑場槍斃，時年52歲。

於是，那批投共歸航的船舶，遂成為新中國建立初期一支相當重要的水上運輸力量，並為發展新中國的航運事業和恢復國民經濟，打破外國封鎖，發揮了積極的作用。由於招商局在中國上海及各地機構，分別改稱為中國人民輪船總公

司、分公司，但基於中國跟英國尚未建交，香港的招商局若擅自更名，可能引發一系列的註冊和產權過戶等等糾紛，因此香港分公司遂一直沿用「招商局輪船股份有限公司」的名號。從此，「招商局」的名字，就同時出現在台灣與香港兩地。

台灣的招商局，其雖於1949年遷設台北，但由於業務長期不振，招致經年累月的虧損，直至1970年招商局開張九十九年時，才首度轉虧爲盈。然而，座落於香港島上環的招商局，則是業務蒸蒸日上，相較起台北招商局的不忍卒睹，真是有著天壤之別呢。

迨至1971年，隨著國民黨與中共政府在聯合國席次代表權上易手，中共打蛇隨棍上，開始追索「招商局」（China Merchant）旗下中國船隻的所有權。於是，國民黨政府遂將台灣的招商局正名爲「陽明海運股份有限公司」，抹去「中國」字眼。「陽明」之名當然是取蔣介石所崇拜的王陽明理學的名號而來。當前中鋼、中油，抑或是中國國際商銀等等……，名稱不能更改說詞，對照起國民黨政府旗下「招商局」的更名過往，根本是糊弄人的笑話。

事實上，「招商局」正名的需要，乃是因爲船舶在海上航行也必須停靠港口，深怕停泊靠行之時，尤其是停靠香港，「招商局」名下的船舶可能會被中共申請扣船。然而，台灣這個「招商局」也並非一夕之間被陽明取代。當年，國民黨政府於1972年12月28日成立「陽明海運股份有限公司」，並跟招商局同時並存，然後把招商局底下的船舶全

改登記至「陽明海運」底下，同時，爲了讓「招商局」名稱繼續存在，則保留一艘環島郵輪在「招商局」旗下。因此，「招商局」在台灣跟「陽明海運」同時並存了一段時間，成爲一種陽明是對外的航權，招商局則是對內的航權。爾後幾年下來，招商局便裁撤併入陽明海運之中。從招商局名稱正名故事看來，中國國民黨身扛的「中華民國」招牌看板，除了對內情感安撫之外，在國外早就失去了立足之地。

◎從反共到親共：陽明海運的故事

●照片中具有巴洛克風格的紅色建築，即是興建於日本大正三年(1914年)並作爲當時高雄港務局的辦公室使用。原本，此棟古色古香的美麗建築差點被港務局拆除，後來，據說在某位女性員工用幾近霸樓的抗議方式下，方才獲得保留並轉型成高雄港港史館，以作爲高雄港歷史發展的展覽空間(著者攝)。

　　位於高雄港三號碼頭後邊的高雄港港史館「紅樓」旁邊，有棟興建於1946年的招商局辦公廳。根據高雄港港史館義工李嘉璋伯伯指出，此棟招商局閒置的辦公廳，原本要規劃轉作「船舶博物館」之用，但2006年左右，卻在陽明海運公司率爾拆除之下灰飛湮滅。

　　在此棟建築物興建之時，在其牆邊鑲嵌著一塊立於民國35年8月的石碑，並載有如下的碑文：「建國大道，首重交通；台灣要港，基隆高雄；航權所寄，國營是從；奠此始基，善與人同。」從碑文可知，航權勢必是以國營跟國有為要，跟當前早已民營化的陽明海運的實情看來，真令人有著「天上浮雲如白衣，斯須改變如蒼狗」之嘆。

　　事實上，當年航運必須國營的真正用意，除了有蔣介石奉循孫文的三民主義中：「發達國家資本，節制私人資本」宣示的表面用意之外，當時蔣介石在台灣建構的「戰時體制」，並企圖將台灣打造成所謂「復興基地」，因此船隻乃在蔣介石動員戡亂時期下負有戰爭運輸的作用，不僅軍需品後勤與士兵運送，必要時船舶更可以被徵召為服役的船艦。為此，深怕戰爭設備經由船長的投奔中國而落入中共手中，幾乎陽明海運董事長或者高階主管，亦就清一色是由海軍轉役過來的將官擔任[8]。不過，安插在陽明海運中的海軍人士的比例頂多1%-2%，且此些轉任的軍中人士鮮少待在業務單

[8] 以軍事需要為廉價的藉口，當然也替海軍將領創造出許多退休去處，例如，早年台灣航業、陽明海運、港務局、航政司司長、驗船協會等等……，皆是海軍退休將領或軍官轉任的肥缺與閒缺。1980年代中末期，軍文不分的體制，時常成為反對黨跟輿論抨擊的焦點。

● 照片上的建築，乃是2006年被陽明海運公司拆除的「招商局輪船股份有限公司」辦公室。此一建築曾是「招商局」在台灣的歷史遺跡之一，牆角這塊鑲嵌於1946年8月的碑文，更是台灣航運歷史上的重要註腳(著者攝)。

● 原本鑲嵌於高雄港三號碼頭後方的招商局辦公室牆角的碑文(著者攝)。

位之中，畢竟航運的專業遠非海軍轉任者可以扛起，通常此些軍中人士只會待在總務或者一些後勤單位等等。

　　當然，據說中共滲透力十足，因此，深恐軍中情治不足以控管，在那動員戡亂的年代中，船舶出航都得申請領有「回航保證」才得以出航[9]。同時，世界各國的船隻，若是在半年內曾駛過「匪區」（所有共黨國家地區），則一律不得來台停靠[10]。蔣介石的「戰時體制」的打造，果真徹底啊！

　　於是，在黨國不分的年代中，一旦用軍事需要為藉口，處於不透明狀態的國營企業，亦就極可能有許多特權上下其手的空間。當時，承包陽明海運業務的「鴻霖空運」，跟陽明一樣同是成立於1972年，且鴻霖空運的董事長兼總經理，則是由蔣經國的公子蔣孝勇擔任。直至1982年，台灣電影界抓到了一家盜版公司「昌運」，公司負責人邱創壽被告上法庭，儘管後來邱氏本人被判無罪，但是由於在辦案過程中查出，邱創壽乃是鴻霖空運的常務董事之一，因而外界對蔣孝勇在這之間的角色，就有繪聲繪影的不利傳言。自此之後，蔣孝勇便辭卻鴻霖空運的總經理和董事長，並轉入幕後控制，同時也開始把重心，放在了國民黨「黨營」的中興電工機械公司，以及中央玻璃纖維股份有限公司的董事長兼總經理職位之上[11]。

⑨　國史館檔案，目錄號：172-3，案卷號：1476，案名：基高兩港船舶進出口手續辦法。

⑩　國史館檔案，目錄號：078，案卷號：117-4，案名：禁止曾赴共黨國家港口船隻承載美援物資卷。

⑪　參閱陳風編著，《四大家族秘聞》，北京：團結出版社，2008.05。

邱創壽跟蔣孝勇關係匪淺，根據章孝嚴（現已改為蔣孝嚴）自述，1987年7月，蔣孝勇曾透過鴻霖的合夥人邱創壽轉告說，蔣孝勇想正式認章氏為哥哥[12]。由此可見，蔣孝勇跟邱創壽以及鴻霖空運關係一直相當深厚，因此，由權貴經營的公司承包國營陽明海運的業務一事，亦就難脫特權承包的瓜田李下之嫌疑。

●位於高雄港區的陽明海運公司大樓(著者攝)。

歷史反諷的是，當1996年陽明海運進行民營化的體質變身之後，面臨著經濟全球化與中國作為世界工廠，在地球上竄起的背景之下，陽明海運遂開始與中共交通部底下的中遠集團合作，從以往的間接合作，到現今除了在歐美航線互租艙位營運之外，地中海與美國航線更建立共同派船的直接合作關係。據說，陽明進入中國市場之後，其前身為招商局的歷史淵源，才會選擇中國兩大輪船公司中遠和中海進行聯

---

[12] 參閱蔣孝嚴，《蔣家門外的孩子》，台北：天下文化出版，2006.05。

營[13]。

　　同時，過去除了鴻霖空運之外，泰明海運也是陽明海運在香港長期的合作對象，迨至1996年陽明海運民營化之後，陽明更將泰明海運買回並成立光明海運。然後，陽明海運新加坡子公司，在1994年於香港轉投資成立孫公司——陽凱公司。陽明海運孫公司「陽凱公司」，便是透由與中共已故的前中共中央軍事委員會副主席，且有「十大元帥」之稱呼的葉劍英系統所掌控的，「凱利集團」（據說是從事軍火與政戰系統起家）[14]旗下公司「凱陽貨代」（凱陽國際貨物代理）進行合作。

　　然而，2003年之際，時任立委的陳建銘即曾接獲檢舉指出：「陽明海運因應大陸市場營運需求，赴香港成立陽凱公司，由陽明百分之百轉投資之新加坡子公司持有九成一股權。陽凱的獲利並未依據九成一股權比率分配給陽明海運，而是先扣除四成二的『顧問費』，匯予三位大陸特定人士，再將所剩利益依照股權分配……據了解，三人之中有一位是北京凱利集團的葉飛，他是中共已故元帥葉劍英之子；另二位尚不知名，但可能只是『人頭戶』，錢最終還是流向葉飛。」[15]

　　後來陽明海運也出面指出，當年為了進軍中國市場開拓業務，因應情勢之需才會找上凱利作為合作伙伴，並在香港

[13] 蔡朝祿，《定期貨櫃航運公司經營策略之研究》，高雄：中山大學企業管理學研究所碩士論文，2004.06。

[14] 葉劍英第三個兒子葉選廉，原為中共軍方保利集團下屬凱利公司董事長兼總裁，可見當時「凱利」集團可是個不折不扣的中共「太子黨」企業。

[15] 〈立委質疑．陽明海運每年輸送中共人士150萬美元〉，《自由時報》，2003.02.14。

● 全球物流的需要，卻諷刺地促成陽明海運與中共官方和軍方集團的合作(著者攝)。

合資成立陽凱公司，且1997年香港主權移交中國之時，基於
安全考量及加強對陽凱的掌控，陽明海運決定買回42%的股
份，凱利只留下3%，全案後經香港律師居中協調，陽明海
運以總價42萬元港幣買回股份，但條件是每年需自陽凱盈餘
中提撥一定比率付給凱利，作為「顧問費」，若虧損則不支
付，自一九九七年迄今，付出約二百餘萬美元[16]。

　　一路走來，陽明海運便從身兼反共前哨，到當前的國共
合作，陽明海運公司裡頭轉役的海軍將官們的心態轉折，應

⑯〈陽明否認資助特定人士〉，《自由時報》，2003.02.14。

該是點滴在心頭吧！

◎走筆至此

　　早從1932年，當招商局被國民黨的南京政府強制收歸國有伊始，國家作爲經濟統制舵手的意識型態似乎早已根深蒂固，迄至招商局隨著國民黨落跑來台之後，招商局仍然身兼著戰時體制下軍事運輸的國輪角色。

　　鑲嵌於高雄港三號碼頭香蕉棚後頭的，招商局辦公室牆角的碑文，傳神且翔實地說明了國民黨政府，在中國大陸上經濟統制主義傳承到台灣戰時體制下的航權政策。殊爲可惜的是，此一具有歷史價值的碑文，早已經隨著此棟招商局辦公室的拆除而蒸發於空氣之中。

　　諷刺的是，從招商局改爲陽明海運的正名，到陽明海運與中國軍方太子黨企業，和中國交通部旗下的中遠海運的合作歷史發展中，國民黨不僅是「去中國化」的正名運動的先行者，同時國民黨政府，也早就在1990年代的民營化此一「去國家化」的方式，打造出「國共經濟合作」的模式。

　　「中華民國」是國民黨口頭上一貫堅持捍衛的，「反共」也是國民黨一路倡導的，然而，「去中國化」的「正名」卻是從國民黨開始，「去國家化」的「國共合作」也是由國民黨領頭搶進。那麼，再對照國民黨與泛藍人士，對於阿扁執政期間的「正名」運動歇斯底里般的抵制，眞是令人覺得作賊喊捉賊的「無恥，近乎勇」。招商局到陽明海運的

故事，揭露了過去那段歷史的荒謬，及其仍緊緊盤桓台灣社會上空不去的不幸事實！

2007.12.20，高雄

5 中華民國「萬萬稅」，
人民「萬萬衰」?!

◎荷蘭「萬萬稅」之我家開游泳池

在荷蘭生活，時常會遇到很多離奇難解之事，這箇中或許是基於文化、語言和社會隔膜所招致。然而，一旦遇到，通常爾等心裡頭不免都會興起一種嘖嘖稱奇式的「暗幹」。不知怎的，或基於流年不利，抑或是撞邪，這些時日總被荷蘭的稅捐、各項費用與罰款搞到瀕臨破產邊緣。

2007年5月，曾接到一張水費繳費通知單，打開一看，眼珠子差點掉下。原來這張繳費單據上頭，明白列出2006年5月至2007年3月12日止，本戶用了6,200立方米的水，並須繳交10,068.86歐元的水費，折合台幣456,841元左右，同時，水費稅捐將於5月15日從個人帳戶中自動抵繳扣款。實是令人絕倒，難道荷蘭政府以為筆者家開游泳池嗎?!就在驚魂未定、眼冒金星之際，佯裝鎮定地一個箭步衝至樓下水表房察看，才知道原來是懶散習癖的荷蘭抄表員工，將表數不到200度的用水，誤植登載成6200度，讓個人差點得效法陳

由豪和王又曾一般，必須連夜捲鋪蓋潛逃。

荷蘭作為社會福利國家的一員，稅捐種類可說是琳瑯滿目。至於，所得最低稅率幾乎達38%，最高則可課到60%以上。至荷蘭唸書，一旦在市政廳登記住所之後，甚麼房屋稅、汙水處理費等等，就隨時準備把錢從每個人的荷包中挖走。曾經因為忘了在搬家之後去市政

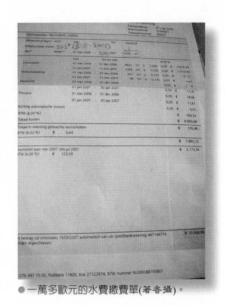

●一萬多歐元的水費繳費單(著者攝)。

廳解除登記，結果連同罰款竟然得補交近兩萬元的房屋使用稅，讓人內心充滿著無比的「幹」字。還好，經過寫信抱怨陳情的力爭之後，終於免除繳交。2006年的暖氣費也曾因為超標，被暖氣能源公司追加補繳了近17,000塊台幣之譜。內心自忖，荷蘭「萬萬稅」，應是本地人和外地人的共同心聲吧。然而，當政府將錢從人民荷包掏走，但市民卻也普遍默認此一萬萬稅舉措的社會制度和共識，這當中的奧祕倒也頗值得令吾人深究。

◎中華民國「萬萬稅」路徑下的民主改革

不過，「萬萬稅」的荷蘭，讓人想起以前的中華民國

何嘗不是「萬萬稅」呢！但是，那時的國民黨政府「萬萬稅」，依舊跟當前荷蘭的「萬萬稅」有著本質上的差別，是用一種擬似戰時體制為名，以「人治動員」的方式，將百姓口袋中的錢用各種名義掏走，縱使不爽也得繳交。當時，國民黨的「萬萬稅」歷史經驗中，稅是收了，但卻沒有「拿百姓錢財，與人消災」的銀貨兩訖和道義，黑洞和內幕重重，直至今日，仍有許多不為人知的黑幕，連當時無能的扁政府也束手無策。

國民黨的「萬萬稅」，是在一個虛無飄渺的「反攻大陸」的口號下次第建立，當中貪贓枉法或黑幕一堆，而跟荷蘭政府「萬萬稅」後，所建立的「社會福利」國家有著天差地別。

職是之故，胡亂「萬萬稅」一通的國民黨，讓台灣民主化之後，隨著國際冷戰格局的瓦解鬆動下的經濟自由化潮流，「減稅」成了「改革」的廉價替稱；將「公產給私營化」，成了將資產還給「全民」的「改革」方案。換言之，當年國民黨政權的胡亂「萬萬稅」卻沒有相應的社會福利之時，「減稅」的口號跟方案，遂容易地攫獲了人民的支持，成了共識，而忘卻了從「減稅」中得利最多的，乃是財團並非小民，這可以從當今台灣稅收的七成主要是由受薪階級繳付得知。因此，原是「保守」的成了「改革」，如同新自由主義（neo-liberalism），乃是將過往進步口號如「勞工不是商品」（Labor is not a commodity.）等所打造出，將「市場力量」讓位於國家或工會加以干預的，社會福利的種種措施給重新鬆

綁（deregulation），逐被稱之爲「新自由」（neo-liberal）。此種脈
絡下的「新自由」的風潮，獲得的不是「新自由」，而是
「市場唯一」的力量跟邏輯重新取得意識型態優位。於是，
保守主義變裝後重新佔領政策高地，新自由遠非改革而是
「反革命」（counter-revolution）——將過往在歷史鬥爭中打造
出相對進步的制度給推翻揚棄。因此，在此意義之下是「新
保守主義」披著改革派外衣的重新粉墨登場。放在全球意
識型態的座標軸上來看，效果上即是國家政策的「集體右
移」；君不見，台灣任何一個政策幾乎都是以市場爲依歸、
利潤中心爲主要顧慮。是故，馬政府上台之後，單方面的將
台灣市場向中國開放與鬆綁，可以被說成是拚經濟，即是將
政府一切政策都讓位「市場力量」的思維所致。

　　白話一點來講，誠如過去台灣的國營事業在黨國不分
的年代中，國營的面目被變成國民黨官僚的「官營事業」
禁臠，因此，在台灣民主化後民進黨爲對付這個死而不僵的
百年國民黨，並不是採取將「官營事業」恢復其真正的「公
營」面目，而是用「還產於民」的「私營化」（民營化）來作
爲改革的口號，並讓財團成了在台灣民主改革過程中最大的
獲利者。事實上，就人類歷史發展以及對於台灣民主化的行
進邏輯來說，「改革」不應該是指「民營化」如此的簡單跟
廉價！或許，此種說法很殺台灣當前社會主流意識型態和認
識的風景，但是從事嚴謹社會科學研究的人，則必須如此發
問。

　　當然，美國或者國際資本的壓力，對於台灣「民營化」

政策的策動有著推手的位置，但姑且不論美國此一外因，台灣社會的「政治民主化」過程，為何也同時伴隨了「經濟自由化」此一歷史事實呢？這組對偶的歷史現實，是應該被推敲詰問的。誠如，2006年在法國巴黎召開的台灣研究會議上，有篇研究台灣銀行業開放的英國博士生，就不假思索的將台灣銀行的開放和民營等同於改革，並據此來分析所謂「改革過程」中的阻力等等[1]。事實上，如果將過去名稱上稱之為「國公營」的銀行當成是國民黨禁臠玩物的「官營」銀行，則改革將至少有兩種選項：1.將銀行開放給私有財團；2.將銀行恢復真正的「國公有」面目跟本質。舉個例子，民主化後的台灣社會一直呼籲「軍隊『國家化』」，即是這種將一黨之軍恢復成國家軍隊的意思，那為何其餘的部門跟產業，不是用恢復真正「國家化」作為台灣民主改革的手段跟路徑呢？或許，這跟當時蔣介石在台灣打造的戰時體制下，胡亂一通的「萬萬稅」體制下，小民心底頭對於國家潛在的不信任有關。

　　話說早期，台灣在這種反攻神話下建構的「萬萬稅」體制，上繳的各種「稅收」對百姓而言，根本就像肉包子打狗有去無回，只是給官方補漏擦屁股的攤提（分擔），而非取之於民用之於民的稅收。為了蔣介石的國防支出和軍隊豢養，以防衛捐、勞軍捐為名的稅收亂收一通，當然，為了鼓舞民

---

[1] 參閱Leou Chia-feng, "Financial liberalization under political democratization : the long journey of the state-owned banks' privatization in Taiwan", paper presented in the Third Conference of the European Association of Taiwan (Paris), 2006.03.30-31.

心，遂時常有各種動員活動的出台，於是以此名義展開的「不樂之捐」，也在那個年代中到處滋生充斥著。

◎一元獻機運動

從1951年到1954年間，不知哪裡冒出來的「一元獻機委員會」發動了一個「一元獻機運動」，開始在全國到處動員募款，並在1954年5月20日，蔣介石第二任總統就職典禮上進貢了12架F-51飛機給蔣介石[②]。然後，「一元獻機」運動連兒童也不放過，在1952年第二次台灣省童軍大會中，發動童軍節省零用金「一元獻機」，只是此機乃「收音機」而非「飛機」，並於1953年1月運動截止，由省教育廳向國民黨的中國廣播公司訂購42-R5A2型，五燈中短波收音機120架轉贈給總政治部分發[③]。國民黨從童軍口袋中掏取零用金跟中廣訂購，送給黨國不分的「蔣氏國家」，用愛國的名義來剝奪小孩吃糖的權利。

●蔣介石五十大壽的壽禮──飛機(取自網路共享資源)。

事實上，蔣介石這種「獻機運動」並非頭一遭。早在

---

② 〈獻機十二架命名典禮·桂永清代表總統接受〉，《聯合報》，1954.05.21，第三版。
③ 〈童軍獻機·裝配完成〉，《聯合報》，1953.05.14，第三版。

1936年，蔣介石仍在中國大陸上意氣風發東西馳騁之際，就在蔣介石五十大壽時，據說「全國同胞」為了慶賀神人蔣公的壽誕，就曾捐款購買了18架霍克三戰機以為賀禮。據說這批霍克三在翌年1937年，就由空軍第四大隊隊長高志航領軍打下六架日本飛機，創下中日戰爭首役「八一四筧橋空戰」的佳績[4]。基於此項戰績，當年依舊在中國大陸的國民黨政府遂於1940年將8月14日訂為「空軍節」；迨至1955年，國防部才把各軍種的節日訂在9月3日，而成為今日九三軍人節之由來。

當年，這批「一元獻機」的12架飛機是編在空軍23中隊之中。迨至1978年，山姆大叔移情別戀、琵琶別抱投向中共懷抱而告別國民黨政權而去之時，海內外同胞又再度發起啥鳥的「自強救國捐款運動」，此一「愛國基金」其中的25億台幣，被挪作採購新戰機的經費，而這批戰機最後被編入23中隊之中，於是，空軍23中隊又別稱為——自強中隊。

此種「一元獻機」運動，其實跟扁政府時期國防部所推出的「珍奶換軍購」說帖，有著些許雷同的意思。只是當年是用「反攻動員」的名義，直接從人民口中自願或不自願地掏出錢來；而「珍奶換軍購」則是指每週少喝一杯珍奶，15年內即等同於潛艦等軍備的耗費云云。2004年之時，反對當時扁政府軍購案不遺餘力的新黨黨主席郁慕明，即曾在報紙投書中將「珍奶換軍購」與過去動員時期的「一元獻機」加

以類比，以嘲笑阿扁的軍購案，真是令人不得不嘆服泛國民黨人士對歷史詮釋搓圓捏扁的能力啊[5]！

◎建艦復仇運動

「一元獻機運動」之後，在1954年11月，浙江外海大陳島海面上太平艦被中共魚雷快艇擊沈後，據說當年的台南工學院開始發起「建艦復仇運動」，不旋踵，工廠、學生、婦女、商界等等……，又開始掏錢樂捐建一艘太平艦，準備復仇[6]。當時許多青年不知怎的突然頭殼秀逗，報紙上每天皆有投筆從戎的新聞出現。根據中央社報導，西班牙馬德里五十餘名留學生，為響應「建艦復仇」運動，特節食一日所得並附上慰問信一封，交給駐西班牙大使于焌吉請轉政府[7]。於是，各地紛紛成立「建艦復仇委員會」，而當時社會上便彌漫著一股濃重的肅殺之氣，一個月後，「建艦復仇委員會」對外指稱殺氣騰騰的「建艦復仇」運動，將於1954年12月15日暫告一段落，並將「建艦復仇」扭轉成「從軍復仇」運動，並擴大推行[8]。

[5] 郁慕明，〈6108億何必舉債‧珍奶換軍購‧下一步捐款購潛艦？〉，《聯合報》，2004.09.29，A15民意論壇版。

[6] 關於一江山戰役和大陳島撤退的歷史請參見：《紀念大陳義胞來台二十週年專輯》，紀念大陳義胞二十週年委員會出版，1975；陳仁和，《大陳島——英雄之島》，陳仁和自行出版，1987。

[7] 〈旅西班牙僑生響應建艦復仇〉，中央社，1954.12.14。

[8] 〈從軍復仇正良機‧四熱血男兒昨簽名請纓‧台北書店義賣一週捐獻〉，《聯合報》，1954.12.15第三版。

　　為何「建艦復仇」運動才推行一個月就戛然而止呢？或許，這跟此一運動乃由有點秀逗的熱血青年開始主動號召，且那時美國CIA名下的西方公司，跟老蔣的大陳島撤退之事早已在計畫之中，同時，老蔣骨子裡早就希冀用大陳島撤退換取美國的防禦協定──「華美共同防禦條約」。職是之故，若此一「建艦復仇」運動，從星星之火而發展成燎原不可收拾之勢時，大陳島的撤退，勢必讓老蔣承受外界對其退縮怯懦的抨擊與質疑，且可能招致美國應允的「華美共同防禦條約」生變。

　　因此，1955年2月7日大陳島撤退後，兩天之後的2月9日，美國國會即批准通過「華美共同防禦條約」。由此觀之，動員群眾是得小心翼翼的，太過熱血真誠的民眾、青年學子，可能演變成對上位統治集團的反噬，屆時將得不償失，於是，動員熱血青年和愛國百姓這棋子，通常也得細細斟酌呢！因此，「建艦復仇」不到一個月就銷聲匿跡，並轉化成無傷害性的「從軍復仇」運動，然而，先前的「一元獻機」運動卻進行了三、四年之久，兩相對比之下，不難看見統治者的苦心孤詣的思量算計在裡頭呢。不過話說回來，從「建艦復仇」到「從軍復仇」，不僅讓青年熱血得以繼續沸騰形成對統治者支持的力量，更可動員素質高的青年學子投筆從戎，不得不佩服國民黨的動員術哩。

◎國民黨愛「運動」

從1950、1960至1970年代之間，各種以愛國為出發點的「運動」或「動員」名目可說是令人眼花撩亂。除了上述提及的透由「獻機或獻艦運動」向民眾徵收軍費支出之外，甚麼「毋忘在莒」運動、「克難增產」運動、「自強救國」運動、「敬軍」運動、「反共自覺」運動、「三一儲蓄」運動等等……，也次第在社會中輪番上陣。事實上，每個運動皆有其用途與目標。當中，除了有些運動是以精神號召作為抖擻百姓士氣的目的之外，有些則是具體地瞄準百姓口袋的動員運動。

●「毋忘在莒」運動實踐公約(著者翻攝)。

　　為了表彰對神人蔣公的效忠，以及反應出蔣公本人的心虛，各種運動中也時常有許多公約要簽署。例如，「毋忘在莒」公約是從前線金門士官兵發起，往台灣軍中蔓延，並往社會各界拓染[9]，到最後連在碼頭從事運輸扛運的碼頭工人，也得在「毋忘在莒」公約上落款簽名[10]。碼頭工人的「毋忘在莒」實踐公約的內容如下：

⑨〈金門地區三軍將士‧發起毋忘在莒運動〉，《聯合報》，1964.11.21，第二版；〈推行毋忘在莒運動‧三軍將士熱烈響應〉，《聯合報》，1964.11.23，第二版。
⑩ 參閱高雄市碼頭運送職業工會檔案，〈毋忘在莒運動實踐公約〉，1965。

余遵奉　總統訓示，敬本自省自強之義，發揮克難
實踐精神，力求自我革新，並切實實踐下列公約：

1.堅定復國信念，矢志擔當復國大任。
2.勵行勤儉生活，樹立樸實風氣。
3.精神團結，支援三軍反攻大陸。
4.自強不息，達成革命、動員、戰鬥要求。
5.力行　總統「五守」訓示，培養實事求是作風。
6.捨己利群、去私存公，倡導「服務至上」觀念。

簽約人　×××（簽章）

從以上公約誓條看來，碼頭工人肩負的責任還真是鉅
大。不論如何，「毋忘在莒」公約此一動員的幅度之廣總令
人摸不著頭緒，或許碼頭工人簽署的是「毋忘『再舉』」公
約，畢竟碼頭工人是前線軍需品、飛機、大砲、軍火等等裝
卸的第一線啊！

1956年3月29日，第十三屆的329青年節大會上，揭開了
「自強救國」運動的序幕，青年們紛紛被動員去簽署甚麼
「青年自強救國公約」[11]。當然，這跟蔣經國的「中國青年

---

⑪〈全國青年發起自強救國運動直接從事全面戰鬥·通過宣言上電總統提出保證〉，《聯合
　報》，1956.03.30，第一版。

反共救國團」其實是搞在一起，青年學生就這樣被整編動員甚至吸收組織進蔣經國的麾下。

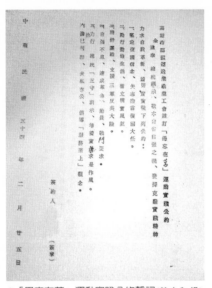

●「毋忘在莒」運動實踐公約誓詞(著者翻攝)。

再者，除了可以具體將群眾吸收爲己所用之外，從國民黨政權的「台灣警備總司令部」發起的「反共自覺運動」，更是充滿著精巧的統治技藝。類似法國思想大家傅科（Michel Foucault）曾經指出「自白」（avowal）的內在權力結構，乃是透由某些強制性的命令開啓拘謹記憶的封條，讓此種自白的言說，不是對聆聽之人而是對被迫訴說之人發生作用[12]。因此，「反共自覺運動」的主旨即是：發揚人性、訴諸良知、明辨是非、劃分敵我的一個行動，並透由以下三個精神來達致：1.以自覺來瓦解共匪的滲透；2.以表白來顯示反共行動；3.以團結打擊共匪的統戰[13]。

至於，此些思想、精神上的各種運動，或者透由「自

---

[12] 參見傅科，《性意識史第一卷──導論》，尚衡譯，台北：桂冠圖書，1994。

[13] 台灣警備總部，〈爲發起反共自決運動告同胞書〉，《高港簡報》，第224期，1952.03.16，第二版。

白」等統治技藝裏脅綁架人民的心靈或意識型態，並往國家目標總集成的動員運動等等有助於國民黨政府的統治的運動之外，當時爲了動員各界努力增產，以彌補蔣介石食指浩繁的軍隊和國防支出，連台灣省三百萬農民也成了動員的對象。1952年2月在農民節大會上，就宣讀了「反共抗俄救國公約」與「增產公約」兩項[14]。特抄錄如下：

※反共抗俄救國公約

我們爲同心一志，精忠報國，集中力量，爭取反共抗俄的勝利，實行三民主義的使命，茲本國民天職，志願參加簽訂反共抗俄救國公約，互助互勉，通力合作，切實遵行謹誓： 一、擁護政府反共抗俄。二、擁護總統服從領導。三、遵守法令實行動員。四、肅清定私穩定物價。五、節約消費克難增產。六、檢舉匪諜嚴守祕密。七、軍民合作消滅匪寇。八、收復大陸解救同胞。九、實行三民主義。一○、復興中華民族。

※增產公約

一、我們要選用優良種苗，採用改良耕作方法。二、我們要努力興修水壩，注意灌溉，節約用水。三、我們要保護森林，不濫砍伐，避免土壤沖刷。四、我們

---

[14]〈兩項公約〉，《聯合報》，1952.02.06，第二版；〈各界青年宣示救國・紛簽反共抗俄救國公約〉，《聯合報》，1952.03.26，第二版。

要努力防治病蟲害，撲滅獸疫。五、我們要努力增產自給肥料。六、我們要切實配合米穀增產計劃，達到一百六十萬噸增產目標。七、我們要絕對遵守政府法令，並接受技術指導。八、我們要彼此鼓勵，互相協助，遵守公約，共同奮鬥。

農民就這樣在各項動員運動的從旁監督和敲邊鼓之下努力增產著，然後，其努力增產的勞動成果即國民黨政府利用肥料換穀、分糖制和低糧價等等措施，將農民手中的生產剩餘擠壓到台肥和台糖等等工業中，遂行「以農養工」的和「賺取外匯」的政策方針。

◎三一運動

如此浩繁的運動中，值得一提的是當年位居蔣介石之下的第二把手陳誠所推動的「三一儲蓄」運動。1961年1月1日，在「加速經濟發展」展覽會中，陳誠致詞呼籲國人為了加速經濟發展，只要一人一天節省一元，一天就可儲蓄一千一百萬元，一年就是四十億元，四年一百六十億元，第三期四年經濟建設計劃所需資金的三分之一，就有著落了[15]。於是，在美援即將結束的前夕，「三一運動」推展的很深很廣，讓台灣許多人的小學經驗裡有著「郵政儲金」

---

[15] 參見葉萬安主講，「台灣經濟設計機構的變遷」演講記錄，中研院近代史研究所，1995。

的習慣，此一運動提升台灣儲蓄率，儲蓄性存款在1960年年底為93.3億元，1969年年底為462.9億元，9年內約增加4倍；1979年5月底為4702.9億元，又不到10年光景再度增加9倍多。

在早年公務機關之中，許多民生消費品依舊透由福利社配給發放給機構中員工的年代，福利社亦有代辦此項儲蓄業務之功能[16]。其中，郵政儲金匯業局利用遍及全省的郵局，吸收可觀的儲蓄性存款及簡易壽險，自1964年年底為10.2億元，1969年年底為35.4億元，增加2.5倍；迨至1979年5月底為989.9億元，再度增加27倍，佔同期儲蓄性存款總額的21%。「三一儲蓄」運動讓儲蓄率再度推高，讓儲蓄有效投入為經濟發展的資本形成。

當時，為了普及推廣「三一儲蓄」運動，美援會底下的工業發展投資研究小組甚至還對外徵求歌曲，後來錄取前五名並經羅家倫作最後審核，擬定《三一儲蓄運動歌》歌詞如下[17]：

（一）

打一通鼓，敲幾下鑼，大家同唱儲蓄歌。國要強來民要富，就靠大家儲蓄多。條條溪水流成江河，哎唷呵！一挑挑泥成堆成山坡，哎唷呵！大小生產靠

---

[16] 〈「三一」儲蓄運動‧同仁熱烈響應〉，《高港簡報》，第201期，1961.04.01，高雄港務局出版。

[17] 〈三一儲蓄歌‧徵求樂譜〉，《聯合報》，1961.03.07，第三版。

資本，資本多來建設多。哎唷呵！呀唉呵！

（二）

打一通鼓，敲幾下鑼，大家同唱儲蓄歌。浪費少就
儲蓄多，增加生產才快樂。加注資本合成工廠，哎
唷呵！一行行本事優良國貨，哎唷呵！農工商學都
發展，發展快時幸福多。哎唷呵！哎唷呵！

當然，台灣這種「三一儲蓄」運動跟1966年，中國文革
開始時紅衛兵推行的「三一運動」：「一個飯碗」、「一雙
筷子」、「一套衫褲」此種儉樸節約的生活有著異曲同工之
妙，都是企圖用動員的方式將節省下來的金錢，投入經濟發
展的打造中[18]。但差別就在於，台灣的「三一運動」是進一
步將儲蓄轉化成經濟發展的資本形成，讓高儲蓄率成了經濟
發展的必須要的資金來源；但中國卻是將節約儉樸當成衡量
又紅又專的指標，而收束在政治運動之下。

時序流轉，社會變遷，台灣已經成為消費社會，於是
2004年4月，在國際上被抨擊為垃圾食物的麥當勞，且遇到
經濟不景氣的衝擊，在台灣紅了四分之一世紀的麥當勞「快
樂兒童餐」，隨即增加了優鮮沛的兩種優格、雀巢美祿巧克
力麥芽以及Qoo乳酸飲料，並由麥當勞主管和員工掀起「一
人一天一萬步」的「三一運動」，重新塑造麥當勞的健康形

---

[18]〈今逢五十五年國慶‧總統昭告全國同胞〉，《聯合報》，1966.10.10，第二版。

象[19]。從過往的「三一儲蓄」，到當下的以健康消費為訴求的麥當勞「三一運動」，足見台灣社會的從生產型到消費型社會的變遷。於是，以前的民間高儲蓄率，到現在的高負債率和卡奴現象，亦就說明了台灣社會的經濟動力，從光譜上的生產端往消費端挪移的現象。

話說回來，國民黨早年在台灣動員推動的各種運動，不是為了「健身」而是為了「見錢」，民眾的口袋就這樣被國民黨一掏再掏。許多名堂收入根本不見諸於稅收名目，也不見於當前黨產追討的項目之中，但台灣民眾卻在那個年代中，被用反攻氛圍所形成的社會壓力生吞活剝到不知凡幾。尤其，當年許多國民黨政權推行的許多運動，民眾通常是陰奉陽違，但或許是基於想PLP（拍馬屁）的一堆，抑或是來自上級的配額交付，於是1951年10月11日台灣省財政廳就曾對外指出，許多情報顯示：「省內若干縣市仍有攤派等行為存在，深憾政令之不能普遍下達，人民之負擔仍不能予以澈底保障，實堪憂慮，故特電廳該派在出現各縣市負責督查稅收，及取締攤派之該廳職員，飭令特別注意，及澈底制止。」茲將該廳根據報告所獲悉之攤派情事誌後：

甲、地方攤派部分

（一）關於防空洞建築，警局奉令規定每里須建築三個，每里派捐一萬餘元，並無收據。

---

[19]〈麥當勞塑造健康新形象〉，《經濟日報》，2004.04.29，第三十四版。

（二）一元獻機運動，各鄉鎮有以攤派方式展開者，而其攤派又無標準。

（三）新兵出征會餐券，規定每戶須購一張，代價新台幣二十元，係縣府軍事科主辦者。

（四）各鄉鎮行道樹看護費，也有採取攤派方式者。

（五）陰溝疏浚，也有採取攤派方式者。

乙、人民團體攤派部分

（一）雲林縣吳縣長在舉行鄉鎮長會議時，曾痛斥該縣水利會，因該水利會曾向委員各獻贈重一兩五錢之金牌一面，認為此係不卹民財任意濫支，財廳飭令各員注意類似情形之發生，並嚴予追究。

（二）各縣屠宰公會均向各該會會員徵收會費，而又有屠宰聯誼會等單位，也分別向各屠宰業者徵收會費。

於是，中國現今沿海城市高速的發展，某種程度上是立基於對於農村的盤剝，農村「攤提」更是中國農民苦不堪言的痛。從此段歷史看來，早年的國民黨政權何嘗不是如此呢?!由當年省財政廳揭露的報告看來，國民黨盤剝人民真是罄竹難書啊！那這些錢是否有進入應該進到的帳戶或開支名實相符？還是被承辦官員或箇中蛀蟲上下其手「歪哥」掉了

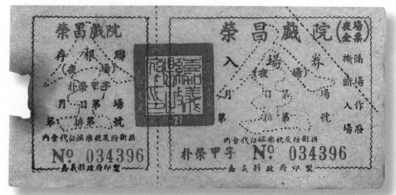

● 電影票中，仍有帶徵娛樂捐與防衛捐(著者翻攝)。

呢？這些在在早已成了歷史公案，國民黨的行徑果眞是人神共憤啊！當前社會各界追討國民黨黨產，僅就帳目上有案可查上的部分都難以達致，且國民黨依舊擺出一副「無恥，近乎勇」的姿態，遑論當年，國民黨政權利用各種運動或動員而來的不樂之捐與攤提收入，此些歷史上的斑斑公案，想必是永無昭雪之日了啊?!話說回來，國民黨爲了連結中國和台灣，前高雄市長吳敦義竟然誑稱吹噓蔣介石運來一堆黃金，果若如此，那當年何來需要這麼多運動爲名目創造出盤剝的機會和空間呢?!果若黃金屬實，也屬既得利益與統治者可以支配，非爾等小民可以置喙霑享的啊！

◎不樂之捐（一）──防衛捐

除了以上各種「運動」名堂下，人民被迫向政府捐輸的

動員之外，明目張膽的稅收課徵，更是中華民國「萬萬稅」
的主要來由。尤其，根據史明的說法，台灣的課稅方法乃是
典型的殖民地剝削，亦即間接稅（關稅、貨物稅、菸酒鹽收入等大眾
稅）是主要稅收來源。從1952年到1973年，資本家有產者為
主要負擔的直接稅只佔國民黨政府總稅收的26.9%，攸關大
眾民生且從大眾收斂而來的間接稅則佔了73.1%之譜[20]。從
這數據看來，當年抨擊阿扁政府讓中產階級上班族、勞工成
為台灣主要稅賦來源，而對資本家廣開逃漏稅減稅之大門，
並造成稅收攤派的不均質與不公平的指控，從歷史看來，此
種情形早就從國民黨政府長期執政時就一以貫之了。只是，
那時因為各種間接稅是師出全民之名，因此感覺沒有當前阿
扁政府執政時這麼明顯。台灣的小老百姓、工農階級和小市
民，早就是社會不公平和不正義惡待下的受害者了。

　　貨物稅，是最重要的中央稅收項目而且是相當顯著的
大眾稅，同樣佔年平均8.1%。貨物稅的課稅率相當沈重，
例如，與大眾生活關係深切的砂糖稅是市價的60%、飲食品
36%、毛織品30%、水泥24%、火柴20%、石油20%、汽油
48%等，而此些稅率最後都再轉嫁到一般民眾的消費過程，
並以稅的名義被國民黨政府徵收而去。正因為此些稅目乃是
間接稅之故，因此各種附加的稅捐名義，時常就會被當年的
國民黨政權給創設出來以彌補蔣介石軍隊的龐大開銷。

　　1950年2月間，台灣省政府鑒於省內軍需方面之附加項

---

[20] 史明，《台灣人四百年史》，台北：鴻儒堂，2005。

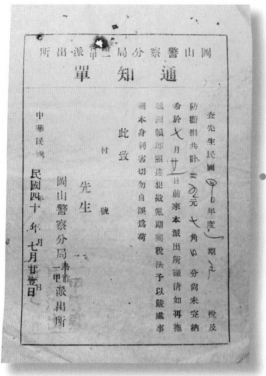

●此張「岡山警察分局一甲派出所」的檔案，內文明白載著：「查先生於民國四十年度一期戶稅及防衛捐共計二十五元七角零分尚未完納，希於七月二十一日前來本派出所繳清，如再拖延圖賴即照違犯戡亂期間稅法予以嚴處，事關本身利害，切勿自誤為荷。」從中可知，在「動員戡亂」的非常時期下，防衛捐的徵收繳納，宛如無所遁逃的天羅地網呢(著者翻攝)。

目繁多，乃遵奉前東南軍政長官公署政務委員會之指示，據訂「台海省防衛捐徵收辦法」一種，於同年12月送經台灣省參議會通過，並在1951年3月由台灣省政府公布施行。依照上項徵收辦法，對所得稅、地價稅、契稅、營業稅、房捐、娛樂稅、機動車輛使用牌照稅、戶稅、汽油費、電費、進口結匯等按照稅額、費額以不同比率帶徵防衛捐。原本規定三個月的臨時徵收「戰時防衛臨時特別稅」，原訂有擬收期限，但一延再延的情形下到1961年才停徵。

由於，防衛捐沒有全數計算在中央稅收項目內，難以

探究確實數目，但是根據以前的主計長汪錕的《隴右來的牧羊兒》一書指出：「政府遷台初期，防衛捐收入數額為政府僅次於煙酒專賣利益之第二大收入。惟其徵收，多係就法定稅課帶徵，既與相關法律不得以任何名義徵收附加之規定不符，且其徵收係以國防軍事需要為由，而收入又未列入中央預算；再因數額龐大，各方對於用途詳情咸表關切，以致質疑時興，輿論譁然，兼以朝野望治心切，遂演變為中央與地方間，立法部門與行政部門間一項爭議最烈之課題。」

幾乎不透明且屬於「非常時期措施」的「防衛捐」，其徵收辦法乃根據所得稅（附加30%）、土地稅（附加30%）、貨物稅（附加20-30%）、戶稅（附加30%）、宴席捐（附加20%）、車輛使用稅（附加100%）、電燃費（附加30%）等等作為「防衛捐」。徵收的範圍之廣泛，就連電燈費、電力費也都有附加防衛捐。因此，這筆防衛捐的錢用到哪去？用途為何？是否有流入私人帳戶？等等……，也都在停徵之後無人追問。

事實上在蔣中正檔案的特交分類檔案（經濟類），經濟報告第○○八卷的一份案由名：「總裁交議緊縮預算安定經濟支持戡亂案」裡頭即曾提及：「……二、關於收入之整理者：甲、中央關鹽兩稅收入每月平均不得少於新台幣五百七十萬元（銀元一百九十萬元）。乙、推銷愛國公債收入，每月平均不得少於新台幣一千萬元（銀元三百三十三萬元）。丙、美援物資及產業處理收入，每月不得少於新台幣二千四百萬元（銀元八百萬元）。丁、台省防衛捐收入，每月不

得少於新台幣二千八百萬元（銀元九百三十三萬元）。……」[21]

可見防衛捐開徵主要乃是補齊國民黨軍隊財政之不足，何來的國民黨黃金替台灣經濟奇蹟奠下基礎的可能呢？前一陣子，國民黨吳敦義對外吹噓的「黃金傳奇」，真是如同十多年前假造南加大學歷的國民黨宜蘭縣長候選人張軍堂的名著論文：「犀牛皮移植到我臉上的法律效力為何？」一樣荒唐離譜。

● 此張1956年「台電南區管理處表燈電費收據」檔案中，清楚地載明電費加徵防衛捐的事實。同時，收據旁的「實行節約，努力生產」字樣，也說明了國民黨政府的「反攻軍事動員」與「生產動員」的親近性關係(著者翻攝)。

---

[21] 國史館檔案，蔣中正檔案特交分類檔案。

◎不樂之捐（二）──勞軍捐

此外，除了防衛捐之外，以勞軍為名的勞軍捐前一陣子也被立委余政道再次拿出來批評，這是國民黨從人民身上搜刮的另一項於法無據的不義之財。勞軍捐是「永遠的第一夫人」蔣宋美齡，主導的反共愛國婦女聯合會為主要支配運用。此一筆勞軍捐的開徵，從1955年到1981年中，每進口一美元的貨物就必須繳交新台幣五角，後來受到輿情壓力，便逐年降低以至取消，因此從1981-1987年5月，進口則是每一美元外國貨品上繳三角新台幣。

這筆據說由進出口公會「基於愛國熱忱，發起勞軍捐款」，凡是廠商於進口貨物辦理結匯時，每結匯一美元即「自動」捐款新台幣五角，民國1981年起降為三角，1987年5月起再降為二角，直至1989

● 勞軍戲票(著者翻攝)。

年7月1日在美國商人的施壓下，以此「勞軍捐」構成「台美貿易」與關稅障礙，並加重美國出口商負擔的抨擊才取消。美國的壓力，果真是台灣1980年代經濟自由化背後的重要推手啊！[22]

---

22 〈天然氣、教科書、勞軍捐獲利很可觀〉，《自由時報》，2007.04.24。

● 布鞋勞軍捐(著者翻攝)。

2007年，立委余政道根據政府公文計算出，此筆從1955到1989年長期徵收的「勞軍捐」，總共收取了969億3千多萬元，當然這鉅額數字是沒有將利息與貨幣本身價值的漲升給計入，若計入時間的價值因素並換算成當今的額度，勢必是相當驚人。而這筆加諸進口商品的附加捐提高商品販售的價格，因此許多商品都將此筆成本轉嫁消費者，而再直接標明「勞軍捐」的成本：例如電影票根會印上全票×元，外含附加勞軍捐×元的標示。

儘管，婦聯會在余政道抨擊後，一直指稱婦聯歷年只收受勞軍捐三分之一的額度約130億元，其餘三分之一是轉交給「軍人之友社」，其餘三分之一則由進出口公會拿走云云。但是，解嚴都已經二十年的今天，婦聯會的「勞軍捐」依舊引人非議，無非是這樣的組織根本依舊處於黑盒子的不透明化狀態，也不符合內政部人民團體的規範，唯有讓婦聯會的業務和財務狀況透明化，外界的質疑和疑慮才會消除。

事實上，「勞軍捐」的流向很多元，除了婦聯會宣稱先後捐建眷舍及職務官舍共十八期，計五萬三千多戶，受惠的官兵眷屬超過五萬人的對外說詞之外，華視在1972年6月28日成立之時，當時國防部所提供的一億元經費以為營

運資本，據說這筆一億元的資本，即是當時擔任國防部總政戰部主任的羅友倫上將向婦聯會募款而得。而這筆從勞軍捐匯歸到婦聯帳戶轉到華視的資金，除了華視之外，也在前總政戰部主導下，將這筆金錢分別成立了華視、「黎明文化事業基金會」與「國軍同袍儲蓄會作業基金會」等三個單位[23]。因此，幾年前差點被某些不肖可恥的國民黨將軍獨吞，並佔為己有的「黎明文化事業基金會」，根本

●此張「彰化縣各界四十五年全年一次捐獻勞軍委員會收據」中，清楚地載明了全年一次捐獻勞軍係包括端午節、中秋節、元旦、春節及各項勞軍。或許，勞軍捐獻一次收，會比每次各自收的擾民程度和人民社會觀感為佳吧！國民黨政府的撈錢伎倆，真不是蓋的(著者翻攝)。

是屬於政府公有資產，卻因為過去的黨國黑幕而差點被暗槓為私人資產。

◎婦聯黑機關

事實上從1950年代以降，台灣的三大婦女團體分別是

㉓ 莊和子，〈立即解散黎明基金會〉，《自由時報》，2005.12.28，自由言論版。

「中華婦女反共抗俄聯合會」（婦聯會）、「國民黨中央委員會婦女工作會」（婦工會）與「台灣省婦女會」（婦女會）。蔣宋美齡除了是婦聯會的頭頭外，更身兼1953年10月，「爲因應反共復國革命情勢需要」而成立的「婦工會」的指導長[24]。蔣宋美齡作爲當時動員婦女同胞以反共抗俄的頭兒，殆無疑義。

由於，當年的外匯管制之故，「官定匯率」和「黑市匯率」價差頗大，因此有關係跟人脈得以到中央銀行以「官定匯率」購買美金的人，馬上可以從價差得利。是故，蔣宋美齡的婦聯會或谷正綱的災胞救濟總會，時常得以用官定匯率購買美金以從事相關工作，於是據說當時從事外銷賺匯的青果合作社爲了香蕉、鳳梨等，也因爲外匯關係跟夫人派的徐柏園走得很近。暢銷的水果外銷，累積了各種好處，據說，高雄市左營「果貿新村」這一系列眷村改建國宅便與此有關。後來，蔣經國爲了跟夫人爭奪外匯控制權，於是趁著1967年香蕉大王吳振瑞的「金盤金碗案」，將夫人派的央行總裁兼外貿及香蕉發展會的主席徐柏園拉下，當然自此，台灣香蕉輸日少了吳振瑞這位跟日本商社「搏感情」的中間人之後，也就江河日下。

2003年10月4日，蔣宋美齡逝世之後，此一號稱最神秘的民間機關——婦聯會，其面紗蓋頭才稍微的被掀起一角。

---

[24] 參見游千慧，《一九五〇年代台灣的「保護養女運動」：養女、婦女工作與國/家》，新竹：清華大學歷史研究所碩士論文，2000。

●1990年代中，歐洲婦聯會幹部遠赴蔣宋美齡美國寓所祝壽的合影(照片由曹志芬小姐提供)。

2002年，沒啥建樹的阿扁曾經以位於台北市長沙街最高法院對面，佔地三千多坪的婦聯會總會，原乃軍方用地竟無償提供婦聯會且幾十年未繳一毛租金之事，作爲國庫通黨庫的明證。事後，婦聯會才在青島東路跟林森南路口自行興建一棟大樓，作爲新的辦公地點，且爲了紀念蔣宋美齡並將此大樓命名爲「美齡樓」，連蔣宋美齡掛點後接掌婦聯會主委一職的辜嚴倬雲，都曾在2006年4月15日大樓落成的感恩禮拜對記者說：「這是婦聯會第一次有了自己的家。」儘管如此，來源大多應屬公產的婦聯資金所興建的大樓，則此大樓的所有權究竟是婦聯會抑或是屬於公家全民所有呢？這頗令人狐

疑。

　　事實上，目前在台灣國內有五十七、國外有六個分會，會員總數超過二十萬人的婦聯會，會受到外界的質疑並非始於蔣宋美齡去世之後，而是早在1995年時任立法委員的張俊雄先生，即曾召開一個名為「向宋美齡等索回人民財產」的公聽會，並在會中要求政府追索婦聯會的非法財源——勞軍捐。儘管如此，在當年這仍然是激不起冷漠的台灣社會和腦殘記者的注意，一切又恍如掉進大池塘的小石子，泛不起甚大漣漪。

　　2003年，台聯立委陳建銘亦曾要求婦聯會必須提出所有土地的登錄證明，否則無法證明來源的土地則必須歸回國家所有，陳建銘同時也要政府必須制訂特別法，以處理過去「勞軍捐」此一歷史共業，而希冀婦聯會能夠「財產透明化、組織法制化」。但時至今日，此種基本要求在阿扁執政時期依舊如狗吠火車一樣徒然，遑論馬英九上台後的黨國幽靈的復活年代中。真不知台灣這社會究竟是怎麼了，對於此些理應

●位於台北市青島東路和林森南路路口的婦聯會美齡樓(照片由陳暐翔先生提供)。

相當簡單的是非跟正義問題，竟也如此困難重重，果眞是病入膏肓的社會啊！

◎走筆至此

　　戲謔地說，國民黨眞是生財有道，眞可說是閨女出閣有出閣捐，過橋有過橋費、大小車輛牌照和車捐、勞軍捐、花捐、災捐等等琳瑯滿目，於是那副「自古未聞糞有稅，而今只剩屁無捐」的對聯，用來形容當年的國民黨政府眞是再貼切不過。當然，除了林林總總的「××捐」之外，各種動員和緊急危難，騙取民眾感情而在團體和同儕壓力下的各種不樂之捐，亦是名堂一堆。早期，中日戰爭爆發之時，國民黨對海外華僑搞的捐獻名義即有：一日捐、一月捐、新年捐、七七獻金、雙十獻金、棉花捐、勞軍捐、賣花捐、一碗飯捐、航空獻機捐等……，眞是族繁不及備載！或許，用今日之眼光看此種「一碗飯捐」會令人發噱噴飯，但國民黨早年在台灣就的確曾在中秋節就搞「獻月餅」，在端午節搞「獻粽子」到軍中的動員呢。

　　就時序的流轉而言，過去，或許是已經逝去，但那時的許多違法亂紀，卻或隱或顯地封存在政府制度的各角落中。在戰時體制下「萬萬稅」的國民黨，儘管以此建構了一個，正當化其對人民荷包和政府公產上下其手的藉口，不論如何，這怎麼也無法合理化其對社會公平與正義的斲喪，以及對小民荷包的詐取。

　　那天，高達45萬台幣的水費通知單，是荷蘭「萬萬稅」制度下給予的一記悶棍和驚嚇，但這卻讓人聯想到屬於過去，國民黨政府在台灣曾經打造出的「萬萬稅」幽靈。荷蘭的「萬萬稅」約莫讓人嚇昏了十分鐘之久，但國民黨的「萬萬稅」，卻讓台灣人民，至今依舊腦袋昏沈不明啊?!

2007.05.08，荷蘭萊頓

6 瞧，那國民黨的 「高尚」外交?!

　　蔣介石的「賊立漢不立」和堅持一個中國法統的頑固，導致台灣國際空間的限縮和孤立，也埋下了日後台灣外交步履的困頓和國際交往的窘迫。此外，2000年阿扁上台之後，宛如死結的藍綠之爭，更讓台灣外交政策失去了理性討論的基礎，遑論共識之形成。泛藍政客及其相關「楣體」的沒品墮落日益嚴重，台灣的淪落不知要伊于胡底。於是，這樣的面臨國內藍綠僵局導致的扯後腿，以及隨著「中國崛起」而帶來大力度的中國打壓，在在讓阿扁執政時期的外交工作面臨嚴重的考驗。在此脈絡之下，馬英九上台之後的「外交休兵」，即是用一種偷龍轉鳳的方式將外交變成兩岸關係的延伸，演變成凡事請求中國允許批准，方敢在國際現身的乞討式邏輯。

　　2006年5月，值此阿扁出席哥斯大黎加總統就職典禮的外交之行中，僅由於阿扁跟布希老婆握手搶個國際鏡頭的動作，即被高尚、上流的泛藍政客和「楣體」罵到臭頭，甚麼缺乏國際禮儀、動作下流等等批評紛紛出籠，而大作文章好多天。反觀，2009年6月當馬英九出訪薩爾瓦多並在薩國國

宴上頭，稱呼美國國務卿希拉蕊（Hillary Clinton）為「柯林頓太太」（Mrs. Clinton）的情形相比，台灣「楣體」跟政客對馬英九的失禮舉措的批評聲浪就相較輕聲細語許多。台灣「楣體」的典型奴才性格，從中表露無遺，或許，面對出身高尚的權貴馬英九，不論表現多下流、多失禮，依舊得像「國王的新衣」一般，紛紛驚嘆讚賞國王的高貴跟出眾品味呢。

事實上，從過去國民黨的外交歷史看來，出身高貴人家與上流社會的泛藍政客，其外交手腕果真比較「高尚」和符合國際禮儀，不僅首創灑錢外交之風，連「女體外交」（用女性身體換外交），都可以大方地派上用場呢！

話說當年，正值蔣介石政權在聯合國的代表席次風雨飄搖之際，為了鞏固非洲邦交，國民黨政府除了推出「農耕團」的方式開拔深入非洲大陸之外，當年為了贏取鞏固中非共和國卜卡薩（Jean Bedel Bokassa）總統的友誼和支持時，國民黨政府竟連女性都可以動員並當成外交賀禮，由此觀之，國民黨的高尚、上流與乾淨，果真是無與倫比，不是嗎?!其介如石的蔣總統，連腦袋瓜都是僵硬的，常常自我感覺良好地以為「自慰就會受孕」，不斷地自我催眠為中國的真正法統，並以此作為欺騙世人以及作為愚民教育的主軸，直至今日，馬英九及其眾多拜倒其激凸胸部下的粉絲們，其腦袋依舊深藏此種思維。

正當，1960年代至1970年代之際，國民黨代理的中國法統即將在聯合國被「中華人民共和國」給取代的年代中，非洲新興獨立國家亦就理所當然地成了國共兩黨的外交肉搏戰

的主場域。於是，爲了跟對岸拚聯合國的中國代表席次的外交脈絡下，各種不計較手段的「外交手法」亦就紛紛出籠。

　　1960年代的非洲農耕團，即是肩負著外交拓荒與邦誼鞏固使命下的產物。根據資料顯示，就1970年非洲總共42個獨立國家之中，即高達23個國家有台灣農耕隊與技援單位的進駐設點。此些援助非洲的農耕畜牧援助團計畫被稱之爲「先鋒任務」（Operation Vanguard）。1971年美國國會議員麥喀文（McGovern），就曾在美國國會上揭發這個「先鋒任務」的黑幕，並直指美國政府津貼國民黨政府此一計畫，以幫助蔣介石政府繼續佔據聯合國的中國代表權席次。此一計畫，每年六百萬美元的支出之中，美國政府出資並分攤三分之二，其經費乃是利用美國將剩餘農產品（以棉花和煙草爲主）貸與國民黨並在台灣出售所得[①]。

　　1960年，當中非共和國獨立之後，中非共和國就成爲國民黨政權亟欲拉攏建交的對象。1962年，「中華民國」在跟中非共和國建交一事上拔得頭籌。然而，不旋踵，1964年10月中非共和國便琵琶別抱與中共建交[②]。但由於在法國殖民期間，由法國扶植的少數族群菁英壟斷當地治權的方式，使得中非共和國縱使在獨立之後，政治仍然處於極度不穩定的狀態；於是，1965年中非共和國卜卡薩將軍發動政變上台

① 林信玉，〈國民黨的醜陋外交內幕〉，《獨立台灣》，第37期，1971，pp. 37，東京：獨立台灣會印行。

② 〈楊西崑抵中非〉，路透社中非共和國二十一日電，《聯合報》，1968.07.22，第一版。

後，遂成為國民黨亟欲爭取的邦交對象[3]，而經由具有「非洲先生」稱號的資深外交官楊西崑的奔走努力下，雙方也順利地於1968年5月建交。

1970年國民黨政府的「雙十國慶」前夕，中非共和國總統卜卡薩也受邀到訪，參與慶典。當然蔣介石伉儷也端出國宴的最高規格款待卜卡薩總統，於是，梅花拼盤、雞茸粟米羹、三絲春捲、荷葉花捲、原盅排翅、芥藍葉龍蝦、香酥鳳球、冬菇菜心、伊府炒麵、八寶甜飯、水晶包子、杏仁香茶、各色鮮果、清茶咖啡紛紛上桌，企圖經由掌握卜卡薩的胃，希冀來安撫卜氏善變的心[4]。

由於，國民黨所代理的中國法統正朔，在聯合國內被訕笑為名不符實而破功現形，並導致中國席次行將拱手讓人的1971年初，即已傳出中非共和國有變節改投中共之傳言，為此「非洲先生」楊西崑，就曾於1971年初數次抵達非洲奔走磋商[5]。

沒多久，在1971年4月底，《聯合報》即出現一則新聞報導說，上年度雙十國慶來訪的中非共和國總統卜卡薩，在南下高雄訪問之際，下榻愛河西岸圓山大飯店，在當晚結束官式行程後，抽暇瀏覽愛河風光時，浪漫地邂逅一位長髮及腰的18年華少女「林小姐」（姑隱其名，以免再度傷害當事人，畢竟

③〈中非共和國與卜卡薩總統〉，《聯合報》，1970.10.07，第二版。
④〈款待中非總統國宴菜單〉，《聯合報》，1970.10.09，第二版。
⑤〈我對非洲大陸的外交戰〉，《聯合報》，1971.02.15，第二版；〈社論：從楊次長又一度訪非看非洲情勢新變化〉，《聯合報》，1971.04.21，第二版。

林小姐應早已回到台灣，並可能定居在高雄或台北）。因而：「就在偶然的場合下，平易近人的卜卡薩總統，認識了林小姐，並以英語和略懂英語的林小姐愉快的交談，林小姐以從電影中所獲的印象，表示她對非洲大陸的天然景色與物產豐饒非常嚮往，想不到她立即獲得卜卡薩總統的口頭邀請，希冀請她到非洲去訪問，當時林小姐對卜卡薩的邀請表示感激，而未認真，但她仍然留下中文及英文名字給這位貴賓。卜卡薩總統返國後遂正式發出邀請函，請林小姐訪問中非共和國。我外事人員對卜卡薩總統這項邀請，起初也帶來極大的困難，因林小姐與卜卡薩總統的相識，只是一次偶然的相遇，對林小姐沒有任何資料，僅靠林小姐的中文名字，終於查訪找到這位將擔任『親善』使命的林小姐。林小姐現正努力補習法文，並預定在五月中或更早一些時候赴非訪問。」[6]

事實上，卜卡薩此位好色之徒，早在1970年年底也曾在越南鬧出「卜卡薩尋女鬧雙胞」的故事[7]。因為，卜卡薩年輕時曾投身法國中南半島遠征軍的行伍之中，並與當地越南女子生下一女，直至，1970年越南有一女子聲稱自己乃卜卡薩總統當年的情人，並產下一名黑人與越南的混血女孩後，故事遂成為當年越南的報紙頭版。離奇的是，仙履奇緣越南版故事即將落幕前，又冒出了另一位宣稱，其乃正統卜卡薩

⑥〈愛河邂逅仙履奇緣‧蓬門佳麗元首貴賓〉，《聯合報》，1971.04.25，第三版。
⑦〈戰亂姻緣分聚不由己‧中非總統西貢尋女記〉，《聯合報》，1970.12.03，第三版；〈中非元首遺珠憾‧越南尋女鬧雙胞〉，《聯合報》，1970.01.10第三版；〈中非總統人海遺珠‧雙胞奇案水落石出〉，《聯合報》，1970.01.13，第一版；〈兩個瑪汀難分真和假‧辨母知女鐵證有金牙〉，《聯合報》，1970.01.29，第一版。

的情人與女兒的雙胞案。此乃因，法越當年的私生女即高達一萬七千名左右，由此可知法軍在越南的離譜行徑。之後，在報紙記者的努力下，卜卡薩真正的女兒身分，終於真相大白。

當然，沒多久林小姐便抵達中非共和國並下嫁給卜卡薩總統。之後，1976年12月4日，卜氏將中非共和國改制為中非帝國，成為君主立憲國家，並自封為卜卡薩一世。於是，林小姐遂成為卜帝十七位王妃之一，當然還不包括卜氏名下數十位的情婦。直至，1979年9月，卜帝被政變推翻並流亡象牙海岸七年之久。據說，流亡期間的卜氏本人，生活的奢華依舊。爾後，1987年卜卡薩返回中非共和國之時，被指控其舊宮殿內盡是荒淫無道的證物，包括一具小學老師的冰凍屍體和大批待烤的人肉，此外，更有其前御廚出面指證其曾替卜帝烹煮人肉大餐，並目睹主子吃得津津有味云云，而讓卜卡薩被判刑20年，直至1993年9月獲得大赦釋放為止。

就在卜卡薩獲得釋放後三年，於1996年12月心臟病去世。就在去世前一個月，《聯合報》一隅出現一則「中非遜帝尋台灣愛妃」的新聞[8]。之後，出任東森新聞主管的前《聯合報》記者嚴智徑，也曾發過一則「外交部撮合林小姐『為國服務』」的新聞，並在報導中指出外交部是在卜卡薩主動央求下，出面硬是撮合林與卜卡薩，而非愛河浪漫邂逅。並引用當時無恥外交部長周書楷的話說：「對於林小姐

---

⑧〈中非遜帝尋台灣愛妃〉，《聯合報》，1996.11.01，第三版。

的『爲國服務』，且日後成爲中非共和國的「國母」……撮
合這段佳話的我國外交部長周書楷、駐中非的前後任大使廖
仲琴、王季徵等都鬆了口氣，周書楷在日後外放駐教廷大使
前，在一場餐會中還提及與卜卡薩的交手經驗，難忘與卜卡
薩行擁抱吻頰禮時的被鬍子扎到的那股難受勁兒，但據在場
者指出，周書楷也沾沾自喜的稱自己是中非共和國的『國
舅』。」[9]

　　有趣的是，在此篇報導之中嚴智徑也同時指稱，除了林
小姐的故事之外，外交部也曾安排某位女星出面招待某位阿
拉伯貴賓的消息，可見國民黨高尚的外交手腕，可眞是有夠
上流唷！

　　因爲，愛河邊流鶯與公娼出名，於是，「市政府後壁」
成了鶯鶯燕燕的粉味指涉；這也是後來類似汪笨湖在其談話
性節目中，或者民間會有流言蜚語地傳言此位爲外交犧牲而
下嫁和親的女士，乃出身特種行業的小姐。外交部爲了掩飾
其傷風敗德之行徑，遂放出卜卡薩原初乃看上一位大學生，
爲了滿足卜卡薩之需求，找了位出身專櫃小姐或者特種行業
小姐來代替的說法以爲煙幕彈。外交部替卜卡薩找女人，以
企圖綁外交的手法，眞是有夠「犀利」！不過，根據高雄市
資深攝影記者董青藍提及，當時卜卡薩與「林小姐」相遇的
地點，即是位於高雄「仁愛公園」（今天的高雄歷史博物館對面公

⑨〈想當年卜卡薩看上的是另外一位女大學生‧外交部撮合林小姐「爲國服務」〉，《聯合晚
　報》，1996.11.01，第二版。

●圖中的建築物是已歇業的公娼館。此公娼館座落於高雄市河西路與七賢二路交叉口的愛河旁邊大為街之内。此一公娼館也屬於高雄市「市政府後壁」的轄區範圍(著者攝)。

圖)的愛河邊,是在外交人員遠處監視並全場淨空的安排下所打造出的浪漫邂逅[10]。

遜帝尋妃新聞見報之後,心虛的外交部也透過記者表示:「有關中非共和國前總統卜卡薩有意尋找前妻一事,外交部高層上午表示,不會代為尋找,以免對傳說中的『林小姐』造成二度傷害。官員透露,當年是卜卡薩另結新歡,『林小姐』才先返國。原中非共和國總統卜卡薩在民國59年訪華時,曾結識一位『林小姐』,雙方成為一對異國鴛鴦。但卜卡薩在1979年9月被政變推翻後,立即成為階下囚。經外交部有關官員查證後得知,當年卜卡薩因另結新歡,對方是位東歐的白人女子,因此,『林小姐』才傷心的返國,目前『林小姐』可能已另組家庭。有關官員說,當年既是卜卡薩另結新歡在先,現在如果再找

⑩ 董青藍的此段回憶,是出身打狗旅法攻讀博士的魏聰洲先生所提供。

●愛河旁邊「仁愛公園」已經改為「高雄市228和平公園」(著者攝)。

出這位『林小姐』，可能會對她個人和她的新家庭造成二度傷害。因此，外交部無意協助卜卡薩尋找這位『林小姐』[11]。」從外交部的談話中可知，外交部意圖將此件醜聞輕描淡寫的帶過，而不敢重提其過往的可恥行徑。

之後，一位《聯合報》讀者劉廉康在遜帝尋妃消息上報後，主動聯繫並告知《聯合報》記者指出，其妻子曾經擔任林小姐的管家工作，並表示：「林小姐的確在台灣，在

---

[11] 〈中非前總統尋妻．我外交部不會協尋：當年，卜卡薩另結新歡；如今，林小姐可能他嫁〉，《聯合報》，1996.11.01，第二版。

台北市松江路還有幢房子，不過現在人在台北或高雄，無法得知；而回國迄今，她只在西門商圈和林小姐巧遇過一次，此後未再連絡。」劉太太說：「那裡是『土人的地方』，林小姐不可能再回中非了。」……回憶起那段在中非的日子，劉太太說：「那裡生活很落後，吃飯都得手抓，讓人難以接受，卜卡薩也只是個『土皇帝』，不會有人稀罕那裡的生活。」劉太太是在民國六十年前後應徵外交部工作。因為劉廉康與外交部總務司一名官員熟識且家世背景沒有問題，也基於邦交國總統安全考量，他們夫婦倆獲外交部青睞，三個小孩也一同到中非去。劉廉康說：「林小姐其實很可憐，是當時外交環境的『政治犧牲品』。」他說：「民國五十九年卜卡薩來華，在高雄見到長髮逾臀的林小姐，十分傾心，外交部官員安排她和卜卡薩喝咖啡，卜卡薩還給了她一個紅包，但回國後就電報、電話不斷，外交部只好幫忙找到林小姐，送她到中非去，『而她也成為卜卡薩的第九個太太』。卜卡薩共有十一個太太，第十一個是以色列女子。至於有說法指出，卜卡薩看上的是一名大學女生，外交部權變找林小姐『為國服務』，這是不確實的。」劉廉康指出：「卜卡薩一開始看上的就是長髮的林小姐。」[12]

　　姑不論，這位讀者劉廉康的新聞是真實或只是外交部欲蓋彌彰的捏造，國民黨的外交手腕，真可謂是國際禮儀百分

---

[12]〈遜帝之妃不可能回中非‧林小姐的總管：不要追查她的下落了〉，《聯合報》，1996.11.02，第三版。

百，要女人給女人，要錢給錢，十足的龜兒子樣，比起阿扁
這個粗魯不文的總統及其拚外交的手法，真可說是高尚與上
流許多啊?!此外，根據在非洲長大的農耕團子弟指出，當時
林小姐下嫁到中非共和國之後，便被禁止與台灣的農耕隊成
員往來。果若此乃為真，林小姐隻身在孤獨的非洲異邦，失
卻台灣老鄉的鄉誼友情的溫暖，其慘境不難想見[13]；同時，
也令人不禁懷疑，外交部是否深怕其卑劣犧牲林小姐的行徑
被農耕隊團員得知，而讓醜聞外漏洩出呢?!

　　當然，根據不可考的坊間傳言也曾指出，外交部內部
有一個秘密單位，其成員都肩負「特殊外交使命」，此一單
位由精品美女所組成，但據說林小姐並非該單位的成員，因
此，最後才會以「出嫁」的方式「為國服務」，而非僅是場
「巫山雲雨」即可完成任務。此種謠傳，在在說明了國民黨
政府外交手法的背後有太多不為人知的黑幕，也因此，會引
起市井小民們的遐想或揣度，也就不足為奇。在〈國民黨的
醜陋外交內幕〉一文中，曾經疾言厲色地指控國民黨的中華
民國外交部禮賓司司長，無異於是不折不扣的，專門陪侍外
國色狼銷魂的烏龜頭，並批評國民黨黨報《中央日報》，厚
顏無恥地將林小姐被關押內宮粉飾成貴賓延攬出訪云云[14]。

　　不過，連帶提一下，幾年前美國公布的機密檔案中，曾

⑬ 關於林小姐被禁與台灣農耕隊交往的記述，乃是本文在2006年5月首次在個人網誌中登載之
　 時，網友biofilm提供的回憶。
⑭ 林信玉，〈國民黨的醜陋外交內幕〉，《獨立台灣》，第37期，1971，pp. 37，東京：獨立
　 台灣會印行。

經揭露出一段美國駐台北大使馬康衛（Walter McConaughy），給美國國務院的密電中，提及那位「非洲先生」楊西崑與葉公超，對如何保障「中華民國」繼續存在，而不被「中華人民共和國」併吞的看法，當中楊西崑直陳台灣必須改名爲「中華台灣共和國」（Chinese Republic of Taiwan），以便讓中國代表權被中共索回之後，台灣依舊可以繼續留在聯合國之中。當然，其介如石的蔣總統頑固地否決了此種高明作法。就台灣今日外交的困境以及爾後付出的代價而言，將殭屍拖出來鞭屍，眞的也不爲過。

此外，李敖亦曾提及他跟楊西崑大使一起吃飯的故事：「有一次，我跟楊西崑大使一起吃飯。大使單獨跟我講了一件事情。他說，李敖兄，我告訴你一個秘密。他說，當美國跟中華民國斷交承認大陸的時候，臺灣感到很不安。那時候他正好在菲律賓，蔣經國打來一個秘密電報，叫他趕緊回臺北。蔣經國對他說：『你立刻到美國去，利用你跟美國國會議員的關係，想辦法用立法來救臺灣。』他就到了美國先看到蔣宋美齡，蔣宋美齡說：『你不要回去了，臺灣完蛋了，沒有救了，你不要回去了。』可是，他還是繼續在美國努力，向美國參議院、眾議院一些他所熟悉的議員遊說。結果呢？美國就在承認中華人民共和國的時候，由國會推出一個法律，叫做《臺灣關係法》。這個法律是國內法，不是國際法……。」躲在美國享盡一生榮華富貴的第一夫人蔣宋美齡的行徑，比起現在那個已聲名狼藉的前「皇帝娘」（邱毅語）——吳淑珍，可眞是夠優雅高貴的唷?！

　　言歸正傳，總覺得國民黨拿女性身體作爲鞏固邦誼的作法，眞是應該重新被鼓吹跟踐行。因爲，只消望向咱們國民黨主席及我高尙立法院，個個都是帥哥、美女，有出身美麗主播、有油頭粉面奶油小生、有上身激凸慢跑健康型、有高學歷斯文書生型……眞可謂環肥燕瘦貨色齊全。因此，個人強力主張，咱們應該力行國民黨過往的女體與男體外交，外交部應把邦交國貴賓都帶往立法院挑貨，從「金魚缸」中來挑選，看上哪枚就隨即打包外帶。如此，不僅可以讓國民黨的外交密技得以重見天日，打開我外交僵局，同時，更可以讓我立委、代表、官員「豬公」「豬母」們，有更好的生涯規劃。當然，最重要的，此舉將可解決性醜聞此起彼落的立委「豬公」們的性需求，讓他們獲得更「性福」的未來。果若有天，他們的外國夫婿又當上皇帝，則他們的幸福眞可說是大大的滿溢呢?!不知君等同意否?!

2006.05.14，荷蘭萊頓

7 話說「車輪牌」
從Ｋ人到被Ｋ

2007年10月初，WCG（World Cyber Games）——世界電玩大賽中，在「世界街頭賽車III」項目上勇奪第三名的台灣選手劉祐辰，在上台領獎之際秀出車輪牌的中華民國「國旗」，突然招致中國代表團的選手報以「狗生的」的惡言相向以及肢體攻擊。中國選手看見中華民國車輪牌「國旗」，隨即抓狂的事件，乃是繼2006年暑假在泰國曼谷舉行的「國際少年運動會」上，中國北京市代表隊，粗暴地強搶觀眾席上車輪牌的國旗之後的又一傑作。

在中國上至官僚、下至海外留學生，真可謂是「憤老」與「憤青」一堆，可說是無所不用其極地圍堵台灣在國際上任何的現身／現聲的機會，尤其，一旦發現任何「車輪牌」國旗的蹤跡，中國人的暴走或陷入失心瘋的狀態，幾乎可以預期。

儘管，今天車輪牌國旗在國際場合中被中國粗暴地像打落水狗一般修理，但遙想當年，「車輪牌國旗」還是「自由中國」的法統基地堡壘時，看見別人拿不同旗幟和標語，即會心神喪失、失去行為能力和理智，並當場抓狂失控打人的，可是這群搖著「車輪牌國旗」的KMT憤青啊！

　　2007年10月的世界電玩大賽事件中，事後不甘心的中國憤青選手，據說晚上還「絡人」去劉祐辰下榻的飯店堵人，此一囂張的黑道行徑，果真跟當年中國國民黨憤青「絡」青年華僑和海軍子弟，狂揍猛K手拿台灣加油旗幟，並高喊台灣加油的台灣海外留學生的故事如出一轍。從歷史看來，「GCD」（中國共產黨）果真與「KMT」（中國國民黨）有著一脈相承的粗野殘暴，只是諷刺難堪的是，以前手握車輪牌國旗即有如手握K人的尚方寶劍，現在則是淪為國際上被K的過街老鼠一般[①]。

　　俗話說：「沒彼個卡稱，就不湯吃彼款瀉藥。」由於流亡蔣政權誆稱的代理「全中國」的法統，並在美國山姆大叔的撐腰之下，1960年以前聯合國關於所謂「中國代表權問題」，都以擱置進行處理。但是，進入1960年代之後，當「擱置策略」逐漸左支右絀不好使之時，美國遂利用議事規則將「中國代表權問題」列為重要提案，而必須由大會的三分之二多數通過，企圖用技術性干擾方式阻止中華人民共和國進入聯合國之中。可是，隨著中共逐漸獲得新興獨立的第三世界國家支持之時，中國國民黨蔣介石在台灣炮製的中國法統寶座，逐漸在衝擊之下而有鬆動之虞。迨至1970年，贊成由中華人民共和國，取代中華民國在聯合國的中國代表席次的會員首度超過半數，中國國民黨政府由聯合國獲取的對

[①] 關於這段車輪牌國旗由紅翻黑的歷史，可以參見本書第三章「『一個中國』vs.『兩個中國』」一文。

台統治正當性開始不穩。

因此，當1968年8月25日，來自台東縣卑南紅葉村不到百人的紅葉國小所組成的少棒隊，以7比0大勝來訪的日本關西「和歌山少棒隊」之時，日益受挫的外交處境氛圍，以及國民黨對台灣島內的高壓統治下的雙重苦悶，在媒體刻意渲染吹捧下，「紅葉少棒」遂成了挫敗連連的國民黨政府與高壓統治下，苦悶人民的共同的宣洩口。

儘管，「紅葉少棒」大敗日本關西「和歌山少棒隊」的賽事中，後來發現咱是以中學生打人家小學生的「大欺小假球」事件，以及「和歌山少棒隊」，根本也非國民黨宣傳的世界少棒冠軍那隊伍，但「紅葉少棒」以愛國與民族意識的槓桿力矩的姿態，成功地宣洩了小民們的不滿苦悶，同時也成功地將可能對國民黨政府的不信任與不滿，轉嫁成愛國情操的動員上頭。不論如何，爾後中國國民黨政權被逐出聯合國後的少棒熱，就此展開。

「和歌山少棒隊」曾在日本，擊敗美國中北部賓州威廉波特（Williamsport）少棒賽冠軍調布少棒隊，於是，1969年8月，台中市金龍少棒隊便首度開拔遠征至美國賓州威廉波特，並一舉榮膺世界少棒錦標賽的冠軍，從而開啓了台灣少棒運動國際揚威的輝煌歷史。當時，海外台灣留學生也自發地組團並自製「台灣隊加油」的標語和口號，開拔到球場替飄洋過海的小選手打氣鼓舞。但海外台灣留學生此舉，卻被國民黨政府和外交單位視爲是台獨份子的尋釁行爲，因此除了球場賽事的鏡頭之外，球場的看台上每每上演的，卻是台

●海外台獨利用台灣少棒或青少棒賽在美國比賽之際，穿著台獨萬歲的衣服，以為宣傳台獨理念的機會(照片由台獨聯盟提供)。

灣海外留學生跟國民黨海外憤青的口角、拉扯，甚至K人動粗的火爆戲碼。

1971年，由南部七縣市各國小組成的台南巨人少棒隊，再度打入威廉波特少棒的冠軍賽事中，儘管，台灣這種由全國少棒組南區預賽優異隊伍中的各隊菁英所組成的隊伍，違反了威廉波特的組隊規則，並跟由社區優秀隊伍出線美國隊伍的競賽組成方式，存有不公平競爭之虞，但這仍不妨礙台灣少棒，作為台灣在國民黨政權統治下苦悶的集體宣洩口。

當然，中國國民黨絕對不會放過此機會動員僑胞跟愛國學生到場加油；同時，海外具有台灣意識的留學生和台灣同鄉，出於對同鄉小選手的關心，另一方面也希冀透由棒

● 天空上飛機拖曳著 "台灣獨立萬歲！——Go Go Taiwan!" 的宣傳 (照片由台獨聯盟提供)。

球賽事的轉播機會，將台灣意識帶給島內資訊封鎖的國人，因此，台灣留學生紛紛主動到場關心加油。於是，在1971年的威廉波特少棒賽場上，一邊是所謂愛國僑胞和學生的：「Go Go China！」聲浪，另一邊則是由海外具有台灣意識的同鄉和學生吶喊的：「Go Go Taiwan！」、「台灣獨立萬歲」的口號和標語，並企圖引起媒體的注意報導，趁機宣傳海外台灣人民的心聲。

　　1971年這場由台南巨人少棒隊擔綱的球賽開場沒多久，美國印第安那隊投手首開紀錄轟出三分全壘打領先之際，此時手拿青天白日車輪牌旗的人突然降低了嘶喊加油聲，球場左邊七、八名彪形大漢走向高喊「Go Go Taiwan」的台灣

同鄉那邊，並指著鼻子痛罵他們爲「賣國賊」。說時遲那時快，幾枚國民黨愛國憤青便從後頭包抄，將寫有「Go Go Taiwan，全美台灣同鄉會」的白布條扯掉，並造成球場一陣騷動混亂，球賽並因此暫停。直至，現場的美國保全人員從這批國民黨愛國憤青手中索回布條，並制止憤青胡鬧之後，球賽便繼續進行。

之後，台南巨人隊越戰越勇，終於打敗美國印第安那隊，大夥也帶著意猶未盡的心情散場後，某位年近五十的台灣同鄉欲回球場觀眾席現場尋找遺忘的相機之時，突然間五、六位中國國民黨愛國憤青現身，並包圍著此位中年歐吉桑叫囂著。一時間，邪狴者梟叫狼嚎，善良人徬徨無措，不諳北京話的歐吉桑，回以：「我是台灣人，So what？」時，一聽聞「台灣人」三字後的愛國憤青和暴徒，突然暴怒並拿出預藏的棍棒猛K痛宰此位中年歐吉桑，並導致歐吉桑左手臂骨折。[2]

當然，國民黨隨從或官員如此抓狂，乃因台灣海外的同鄉，在賽事進行之中承租了一架小飛機，並在後頭拖曳著「台灣獨立萬歲！Go Go Taiwan！」的宣傳布條，在現場大出鋒頭之故[3]。此外，根據一生都奉獻給台灣外交的傳奇人物張超英的記述，這場賽事進行中，全美台灣同鄉紛紛組織並拉起「某某台灣人同鄉會」的布條，讓國民黨最敏感的

② 太平山，〈威廉斯堡觀球記〉，《獨立台灣》，第38期，1971，東京：獨立台灣會發行，
pp. 54-55。
③ 請參閱《WUFI 台獨聯盟的故事》DVD，台獨聯盟發行，2007。

●高舉「台灣隊」加油旗的海外台獨學生(照片由台獨聯盟提供)。

「台灣」二字滿場飛舞。此外，在張超英的幫助之下，時任台獨聯盟外交部部長的前任總統府顧問陳隆志博士，拿了張超英的記者證後就往後台美國記者席奔去，並跟美國記者說：「Team of Taiwan, not Republic of China.」（台灣球隊，不是中國的），並讓美國賽後新聞播報中特別強調此點[④]。

翌年，1972年，台北市隊代表台灣爭逐威廉波特少棒的冠軍盃，海外台灣同鄉依舊想借替家鄉小選手加油的機會，趁機宣傳他們的心聲跟政治理念。但由於，1971年海外台灣人同鄉宣傳的效果大出國民黨之意料，於是，1972年的比賽球場上，中國國民黨亦就有備而來。張超英的回憶記述中指出，當他在紐約新聞處聽到細細竊笑道：「這次台獨有好戲

④ 張超英口述，陳柔縉執筆，《宮前町九十番地》，台北：時報出版，2006，pp. 166-169。

可看了！」之時，原以為國民黨會強力動員愛國青年組成強大啦啦隊，詎料竟是棍棒跟石頭率被國民黨攜帶到現場，以為逞凶之工具。

在中國國民黨的加油區，大約聚集了上千名左右的國民黨支持者和一些台灣同鄉，但在球場一角斜坡地上，也聚集了二、三十名寫有「台灣同鄉會來自California」之類的長形旗幟。就在美國隊伍被台灣的台北隊打得落花流水，且臨屆終局大勢已去，觀眾也逐漸散去之際，某位在國民黨駐美大使館服務的國民黨官員幹部，隨即高喊著說：「接著是打漢奸！」

於是，這些中國國民黨官員從車上搬下許多長短規格劃一的棍棒，分配給大約四十枚看來非留學生的粗野壯漢，迅速地往球場一角的加州台灣人同鄉會的民眾直衝而去，於是，頓時一陣猛打狠搥、石塊齊飛。混亂中多位體格不及對方、戴著深度數眼鏡的台灣留學生即刻被打倒在地，儘管如此，殺紅了眼的中國國民黨暴徒們依舊高喊著：「打死漢奸！」木棍石塊亦就更猛烈地如狂風暴雨地，落在這些台灣留學生和同鄉身上。後來，美國警方趕到打鬥現場前，在四周把風的國民黨大使館人員連聲高喊：「來了！來了！趕快跑開！」於是現場作鳥獸散，留下暈倒重傷的台灣留學生，以及另外26位受傷的台灣海外同鄉。

事後，這一群手持棍棒的愛國暴徒，據傳是國民黨派至美國受訓的海軍軍官，和花錢去紐約唐人街找來的華僑青年⑤。在張超英的記述之中，亦含糊地提到：「原來國民

黨駐外單位爲了反制前一年台獨的突圍，董姓船王的船剛好停靠紐約港，國民黨就以每人二十美金的酬勞，分載三部巴士，準備在球場還以顏色。」[6]

如果猜測沒錯，此位董姓船王指的就是香港第一任特首，董建華的父親董浩雲的「東方海外」（OOCL）的船。儘管，董浩雲的東方海外是香港的公司，但根據當時的時代背景，「東方海外」也算是自居爲全中國法統代理母國的「國輪」之一。職是之故，國民黨海軍軍官搭乘董浩雲的船隻至美國受訓是相當有可能的。此外，董浩雲的「東方海外」跟國民黨政府關係深厚，從「OOCL」的公司徽章識別中使用的中華民國國花——梅花，可知董浩雲的親國民黨立場。

當然，政治立場之外，董氏家族中的綿密政商關係，也顯示出其跟國民黨的關係深厚。228事件中，時任高雄要塞司令彭孟緝的長子彭蔭剛是董建華的妹婿。後來，董浩雲船公司在1980年代幾乎破產，原以爲中國國民黨會出手相救，但國民黨以本土船公司尚待救援的藉口而袖手旁觀，遂輾轉讓北京透由原籍廣東番禺的親中愛國商人霍英東，在香港的中資銀行的介入挹注而起死回生。當然，北京對董氏家族的再造之恩，猶如從台北改信北京與忠誠度的保證，董建華就這樣成了香港首任特首[7]。查找當年的歷史，國民黨指稱本

⑤ 讀者來稿，〈賓州球賽場邊武打小記〉，《獨立台灣》，第50期，1972，東京：獨立台灣會發行，pp. 45-46。

⑥ 張超英口述，陳柔縉執筆，《宮前町九十番地》，台北：時報出版，2006，pp. 166-169。

⑦ 參考陳奕齊，〈倒董背後的「一國兩制意涵」〉，收錄於《想像越界——國際與在地政經批判》，高雄：勞動產業研究工作室出版，2004，pp. 71-72。

土船公司陷入困境亦待救援但最後沒有出手相救，因而國民黨，沒有無法出手拯救「東方海外」船公司的立場云云，指涉的應該是出身澎湖貧寒青年，並利用金門砲戰的戰時運補起家的，「台灣歐納西斯」的大鵬跟大來輪船公司董事長蕭百宗[8]。無論如何，小故事背後的縫隙，或許正有許多歷史正在醞釀呢。

　　儘管，中國國民黨官僚的囂張氣焰和黑道行徑持續地恫嚇跟打壓，此些台灣海外同鄉，依舊再接再厲地在1974年，美國印第安那州西北邊境的蓋瑞城（Gary）舉行的青少棒比賽上，正當賽事緊張之際，在觀眾群中將外套脫掉，露出寫著「台獨萬歲」四個大字的衣服而造成全場轟動。1975年，這些海外台灣同鄉，則是將畫有「台獨聯盟」標誌的氣球拖曳到球場天空，引起觀眾和媒體的矚目。

　　不久之前，國民黨在聯合國阻止五星旗治下的國家在聯合國和國際場合出現，以及「台灣」的出現，而只能有「車輪牌」旗幟、只能高喊：「Go Go China！」否則便是粗暴地扯旗和棍棒與石頭款待。「三十年河東、三十年河西」，中國國民黨的愛國憤青行徑，跟2007年10月初WCG世界電玩大賽中，台灣選手劉祐辰所遭受到的中國憤青和流氓式的對待，果真是同一個模子啊！

　　以前，「車輪牌國旗」是修理人的正義化身和凶器，

---

⑧ 海青，〈得意一條龍，失意一條蟲！船王蕭百宗航運觸礁〉，《高雄論壇》第131期，1978.03.10，pp. 32-35。

現今國民黨「車輪牌國旗」淪爲在國際場上被修理的對象，歷史的行進，果眞令人不勝唏噓啊！然而，唯一不變的是，自居正義的一方，往往都是師出「愛國」之名！以前要愛「KMT中國」，現今要愛「GCD（共產黨）中國」，但就是不能由人民自己決定要愛哪一個「國」?!愛國主義總是流氓最後的庇護所，誠如，19世紀俄國思想家赫爾岑（Aleksandr Herzen）在其回憶錄《往事與隨想》中說：「在尼古拉的統治下，愛國主義成了某種皮鞭和警棍。」記得，咱們某個總統候選人時常懷念的那個蔣總統，據說也叫做「尼古拉・蔣」。

　　這皮鞭和警棍，早從KMT手中傳承給GCD，以至於兩者竟是如此地相像，也難怪他們兩者可以完全不顧人民的意見跟心聲，而「國共合作」到如此地麻吉?!

2007.10.18，荷蘭萊頓

當老K海盜遇見索馬利亞海盜

　　盤據在亞丁灣外頭的索馬利亞海盜，成了聯合國的燙手山芋。海盜們所出沒的海域，恰好是連接歐亞大陸的蘇伊世運河航線必經之處，而這蘇伊世運河卻是歐亞航線間最具有經濟效益的主要航道，因此，世界大國的首腦，無不把這片海域的海盜當成緊急事件處理對待，畢竟，此乃牽涉到由海運所支撐起來的世界貿易及其市場全球化，並據此牽動著國際經濟的敏感神經。索馬利亞海盜，通常是經濟型的海盜，一手交錢即是一手交人，銀貨兩訖，算是相當具有「買賣道義」的一群。索馬利亞海盜之所以猖獗，當然也由於索馬利亞的國家政府的管治能力，早已在九○年代以來的連年內戰之中崩潰，國民經濟更是在此種內戰下七零八落。可見，國家基本上還是當代治理跟福祉提供的主要群體容器。當然，就經濟層面，跨國公司進駐之後，許多非洲國家原本賴以維生的經濟資源被跨國公司壟斷，造成當地人民生計更加破敗。

　　因此，當索馬利亞的捕魚權以及大型漁業公司的拖網漁船，擊垮當地漁民的傳統作業方式，許多漁民也紛紛被迫幹起海盜以為營生工具[①]。於是，可以想見，索馬利亞沿海岸

線一帶的部落頭目，也紛紛向大海挺進找尋出路，並讓海盜經濟不斷蓬勃發展。據指出，光2008年，海盜就爲索馬利亞帶進了超過1000萬美元的外匯（贖金）之譜。

2009年4月6日，高雄籍700多噸的鮪釣漁船「穩發161號」被劫，台灣籍船長和中國、印尼與菲律賓船員總共30名，就成了索馬利亞的肉票人質。至今，「穩發161號」船隻與船員依舊處於失聯狀態之中。2009年4月，美國海軍海豹特種部隊擊斃三名海盜並成功地將人質解救，一時間讓歐巴馬好不得意。

事實上，或許基於台灣在國際上缺乏國家地位之故，也或許因爲馬英九政府的「外交休兵」下，得事事向中國請益並請求協助的事情處理方式，可預期的是，「穩發161號」若要平安歸來，不是請求中國政府的從旁協助，就只有

●索馬利亞的海盜(取自維基百科)。

船東自力救濟地繳交贖金，方才可能讓台灣漁民重獲自由。君不見，馬英九在2007年遠赴法國跟當地留學生聚會之時，在場

學生跟馬英九反應，法國政府把留學生居留證件國籍欄從台灣改成中國一事，馬英九的回答即是：「這必須要跟中國商量。」連居留證都得跟中國商量了，海盜事件怎麼可能不跟中國政府請益呢?!

　　馬英九政府可以為了釣魚台而語出和日本不惜一戰之氣魄，馬英九政權理當更有氣概將軍艦開拔到索馬利亞來，一舉殲滅這危害世界經濟的海盜呢，畢竟，「國民黨」本身也曾經幹過許多海盜勾當的啊。

　　話說，中國國民黨落跑台灣之後，心有不甘，一直發想著反攻的大夢，尤其在1950年6月韓戰爆發，中國共產黨隨即加入此一所謂「抗美援朝」的戰事之中，冷戰序幕據此拉開，於是，「經濟禁運」亦成了對付和圍堵中共的一個手段。根據1953年2月26日的《紐約時報》報導，美國安全總署進一步要求，簽約承載亞洲外援物資的船隻，被禁止卸貨之後又駛進中國、蘇聯、北韓等共產國家的港口裝卸等等[2]。

　　原本，落跑台灣的國民黨政府即有禁止台灣船舶駛往中共港口的政策，在美國禁運政策出台之後，國民黨政府打蛇隨棍上，進一步在1953年5月15日起頒布一個更嚴苛的政策：凡進入我國自由區之任何港口之任何商輪，應自行保證在我港口卸貨後六十日內，決不駛往鐵幕後任何港口及任何地區，包括共匪所佔據之港口與地區內。違反此項命令之商

---

[2] "U. S. Acts to Hinder Trade to Red China", *New York Times*, 1950.02.26，p.1, p3.

輪，以後永遠不准再行駛入自由中國之任何港口[③]。

此一鎖國自絕於島內的瘋狂行徑，要不是因美援物資源源不絕地進入台灣，以及美國同樣對共產國家進行有限度的禁運的話，則此一後果不是台灣禁運別人，可能是全世界禁運台灣。

韓戰爆發之後，聯合國也在美國要求之下通過對中國實施封鎖禁運，導致港英政府也得配合這一禁運政策。後來，香港知名商人霍英東，就是在禁運政策下，「走私」各種黑鐵皮、橡膠、輪胎、西藥、棉花、紗布等等……物資進中國，讓霍氏本人不僅累積了後來發家的第一桶金，也讓霍英東贏得中共眼中的「愛國商人」名號，以及全國人大常委會常委與全國政協副主席的位置。

國民黨政府除了此一嚴厲禁運政策之外，另一招絕技即是「海軍變海

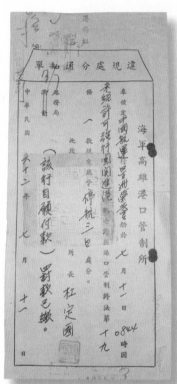

● 此張由海軍高雄港口管制所於1973年7月11日，所開具的違規處分通知單上，清楚地載明了中國航運「星洲榮譽」船未經許可進港，違反「台灣區港口管制辦法」，必須停航三日。從中可知，當年國民黨威權主政下的港口，除了禁止航行鐵幕國家之船隻進港，各種船舶進港，更深受軍方嚴格管制監控哩(著者翻攝)。

③ 參閱國史館檔案，「禁止曾赴共黨國家港口船隻承載美援物資卷」，目錄號：078，案卷號：117-4。

盜」──讓海軍佯裝變身為海盜，以騷擾劫持和中共繼續往
來的船隻。因此，1950年代的「中華民國」海軍，就時常在
南中國海和台灣海峽攔截波蘭、蘇聯等共黨國家的船隻，進
行強奪、沒收和扣押等等海盜行徑。但是，海軍變海盜，偶
而還是會扣押到一些跟中共有貿易運輸往來的自由國度的船
隻。

　　在1951年，時任美國駐中華民國大使館臨時代辦暨公使
的藍欽（Karl L. Rankin，其在1953年由艾森豪總統指派升任為駐華大使，任
期從1953~1957年），曾經在1951年8月8日下午至行政院外交部
拜訪，並提出質問說，最近公海上至少發生四次海盜事件，
包括約瑟芬摩娜（Josephine Moller）、羅西他（Rosita）等等船隻
被劫，當中大部分是英籍船隻，其中一艘則是隸屬於巴拿馬
籍云云。藍欽並進一步客氣地提醒國府，必須對海盜行為有
所警覺，並提出解釋澄清。若是中共方面所為，則一旦中共
嫁禍國府將對國府形象不利；若為國府所為，則國府必須小
心被英國政府指控國府已跟海盜同流云云。結果，外交部部
長葉公超用「烏龍繞道」的方式，糊弄尚未掌握具體事證的
藍欽大使，並報以模糊式的回答：「此等部隊可能既不屬於
共方，也不屬於我方，而係獨樹一幟之非職業份子[④]。」

　　事實上，國民黨政府的一個特性就是「只准州官放火，
不准百姓點燈」，國民黨自己可以幹海盜勾當，只消賦予民
族國家大義便通融放行，但對於小民們為了營生而不得不從

――――――――――
④　參閱國史館檔案，〈蔣中正總統文物〉，08B-03986。

事海上海賊跟陸上的竊盜小偷，可是一點都絕對不寬貸手軟的。根據蔣介石自己下給警備總部的條子指示中便可知，國民黨政府對於海盜和陸上小偷懲治的嚴厲。

1954年8月24日，蔣介石下了一個條子給彭孟緝指出：「海賊、小偷、囚犯不宜編爲正式士兵，只可作爲一種苦役。現有此種士兵應加以處理，切實研究決定辦法爲要。[5]」後來，約莫過了十年，蔣介石又在1966年4月8日下了一個條子給警備總部指示：「最近台省小偷、慣竊更行猖獗，乞丐亦在外僑民與寺廟附近時有發現。今後凡小偷、慣竊、乞丐者應由警務處負責緝捕，一律直接交由警備總部引用保安法逮捕，解執行總隊或外島設立苦工營集體管束三年，以後視成績如何再行處理。至於經費應由國家列入預算可也，此事務於來年內開始實施，一切勿延誤爲要。[6]」由此可知，一開始國民黨政府對於海賊、小偷的對待是以充軍作爲懲罰，後來，則成立苦工營以便集體管束矯治。從這歷史看來，「苦工營」跟中共的「勞改營」（labour camp），其實應該只是名稱不同但實質內涵相同的懲罰機構吧。

話說回國民黨1950年在南中國海的海盜行爲，終於惹惱波蘭和蘇聯等共黨國家，並針對1954至1955年，中華民國海軍的「海盜行爲」提交聯合國審查。在經過冗長討論之後，聯合國決定將「國家介入之海盜行爲」，排除在海盜的定義中，並嚴格將海盜定義限縮在「私人目的和性

---

[5] 國史館檔案，〈蔣中正籌筆〉，微卷代號：10-1836。
[6] 國史館檔案，〈蔣中正籌筆〉，微卷代號：11-0522。

質」的行為[7]。此舉，當然反應著冷戰之下，資本主義陣營和共產主義陣營的對立風景，以及美國跟代表中國的國府，擁有安理會否決權等所對照出的共產跟資本主義，兩集團間的實力不對稱下的必然結果。中華民國「海軍cosplay海盜」（cosplay/Costume Play/角色扮演）此種「意識形態型海盜」（ideological pirate），被排除在海盜行徑中，當然也反應出當時世界上共產跟資本主義集團陣營間，彼此意識形態對抗拉鋸的歷史。

國民黨政權除了這段將海軍變海盜的歷史經驗之外，事實上，在1942年至1944年之間，中國東北早在日本人手中。因此，中日戰爭這段時期中，國民黨軍隊對日本軍隊幾乎無正規還擊的招架之力，只能利用「空間換取時間」的打帶跑和游擊式騷擾加以還擊。當時，在華東、華南沿海一帶，有一支由國民黨情報頭子戴笠所指揮調派的，四萬多人美其名為海軍，出身實為海盜的部隊，屢屢向跟日本合作的汪精衛政府的船隻進行搶奪、劫掠與破壞活動。

由此可知，國民黨政府亦就有著從「海盜cosplay海軍」，到「海軍cosplay海盜」的絕佳角色扮演的訓練經驗。因此，在索馬利亞海盜猖獗的今日，實是應該拿出過往絕活好好展現一下，「海盜」應該要怎麼當，順便在全球鎂光燈焦點之下，狠狠地教訓一下索馬利亞的海盜，讓「中華民國」折服國際友人並順便揚眉吐氣一番。

---

[7] 黃華倫，《誰是海盜？由近50年海盜在南中國之活動，看東亞暨東南亞海盜的類型與社會屬性》，未發表論文，2006。

　　當然，作為郭冠英筆下的「鬼島歹丸」，打從17世紀鄭芝龍到鄭成功跟台灣邂逅的歷史，也是一段美其名為武裝海商集團的海盜出沒史。到後來，台灣經濟奇蹟，某種程度也是倚靠著「海盜」行為（各種技術和智慧的盜版以及仿冒），此乃是發展後進國的重要路徑之一。後來，在美國貿易三〇一的緊箍咒之下，台灣用開放市場方式換取「海盜」行為（各種盜版、違反著作權、智慧財產權）的被美國接受，到後來美國又進一步逼迫台灣通過各種智慧財產權的保護，以遏止各項獵取「智慧」的海盜行為。尤有甚者，為了表彰台灣打擊「智慧海盜」的決心，更用對付「槍砲彈藥」犯的刑法對付著「智慧海盜」。於是乎，違反「光碟管理法」的刑期，一點都不輸擁有槍砲彈藥者唷。

　　無論如何，馬英九政府為了釣魚台而向日本叫戰的氣魄，從歷史看來，一路打輸日本的中華民國，贏面真的比較小。但是，從老K的海軍扮裝歷史看來，或許，索馬利亞這些菜鳥海盜，碰到前輩海盜——中華民國「海軍cosplay海盜」，應該不是對手吧！誠摯地建請馬英九政府，應拿出不惜一戰的氣魄，將「中華民國海軍」開拔到亞丁灣海域，來一場海盜菜鳥與海盜先輩的大對決吧。打贏的馬英九政府，不僅替聯合國解決了燙手山芋，或許就可能贏得一張進聯合國的門票囉?!

　　如今，看見索馬利亞的海盜，亦就令人想起了國民黨cosplay海盜的那些過往哩！

2009.04.17，荷蘭萊頓

話說審計這隻狗

◎話說前頭

德國某位審計長曾說過，審計部門是國家財政的看門狗。當年，阿扁擔任立委之時，也曾在立法院中說了一句名言：「立法院對行政機關的施政是打前鋒，審計部則是打後衛。」如今，國務機要費的問題讓阿扁卸任之後身繫囹圄的重要緣起，則是起於被這看門狗般的審計部狠狠地撕咬了一口所致。

儘管如此，社會上對於審計部這隻看門狗的身世跟作用，不僅相當陌生，更讓人狐疑，為何這隻看門狗怎麼總是以前藍的不咬，綠朝當政便開始咬的感覺與印象。基於此，本文希冀可以對這隻「看門狗」的身世進行一番梳理考察，以便讓國人知曉「看門狗」的看門歷史。

「審計」即是英文的"auditing"，按當代政府之功能來看，審計無非是扮演下列四項角色：審核政府財務收支、考核財務效能、匡正財務紀律、核定財務賠償責任等。因此，白話一點來說，審計的作用即是：替國家財政進行「抓

漏」工程[1]。

2004年年底，阿扁提名的監察院正副院長人選與監委，全數遭到國親聯盟程序委員會的凍結，遲遲無法排進議程之中，致使監察院正副院長與監委處於懸缺狀態，幾乎讓國人忘了監察院的存在，遑論監院裡頭還豢養著一隻審計看門狗。2006年中，在邱毅散彈胡亂式的爆料壓力下，審計部硬是脫欄而出，出面咬了總統國務機要費一口，瞬間讓審計部這隻在台灣歷史上溫馴的狗，突變爲呲牙裂嘴凶猛無比的惡犬，實是令人玩味。於是，考察審計部在成爲咬人狼狗前到底是隻甚麼樣的狗，亦就有其趣致盎然之處。

◎審計部的前世今生

事實上，如果以國民黨的中華民國史觀看來，早在西元1912年，即所謂「民國元年」9月之時，北京政府即已設立隸屬於國務總理下頭的審計處，並緊接在1914年升格爲審計院，直隸於大總統。迨至，民國14年，國民政府於廣州成立，監察院創設之際便同時賦予審核政府財務事項之職權。之後，民國18年國民黨實行所謂五權之治，公布監察院組織法，並在法中規定了監察院須設立審計部以行使審計權[2]。

但是，當年關於審計權究是歸屬監察院或立法院，曾經

---

① 參閱曹俊漢，〈中美審計體系功能之比較觀察〉，《政治科學論叢》，第14期，2001.06，pp. 127-152。

② 參考監察院審計部，「政府審計制度簡介」，http://www.audit.gov.tw/Intro/Default.aspx。

有不同的看法存在。譬如，訓政時期眾多憲草中的「政協憲草」第75、76條，就曾載入審計權歸立院，乃與西方國家效法學習，同時稅收與國民經濟有關且涉及租稅立法，並主張預算歸立院、決算亦應歸立院等等，但此主張最後被制憲國民大會代表給否決。理由不外是：監察權乃源於古代御史制度，且是國父遺教不可不循；監院乃是糾彈官員違法失職，官員違法多屬貪汙，審計置放監院乃相輔相成；西方三權分立，我國民黨政府五權分立，立法權在議決，監察權在監督，故審計交歸監察誠屬合理云云。理由一堆，今之看來無非是為了拼湊出疊床架屋式的五權政府架構，以便創造出冗員空間為自謀或親戚謀就業機會外，實在是找不出哪一點具有說服力的理由。

姑不論，此間當中實情為何，審計部就這樣寄生在監院之中，並跟隨國民黨的落跑而平行挪移至台灣。如果，從民國17年于右任擔任審計院院長開始起算，蘇振平審計長可說是第十一任的最高審計長官。至於，審計部轉移台灣辦公之後，則歷任過張承槱（1949.5-1956.9）、蔡屏藩（1956.11-1962.12）、汪康培（1963.1-1968.12）、張導民（1969.1-1987.1）、鍾時益（1987.1-1989.10）、蘇振平（1989.10-）等六位審計長。

由於，審計長一職身兼替政府財務抓漏與抓蛀蟲之責，那麼在過往黨國不分的年代中，審計部門只能是一隻溫馴的小狗是可以想像的；儘管是隻溫馴小狗，但進行審計查人帳簿的職責，依舊是份惹人嫌的工作，當然也就意味著審計長

此職是份相當「顧人怨」的一個工作。

　　1955年，時任審計長的張承槱任期已屆滿六年，理應由總統重新提名並經立院通過新任的審計長，但張承槱仍然不作任何表示，而想借用裝瞎矇混之招繼續擔任審計長一職，結果被立委白建民等149人向院會提出動議，擬咨請總統另行提名任用，以符合民主憲政常規[3]。同時，張承槱更被立委批評為「迄今仍默默留任，毫無表示」，企圖將審計長當成「終身職」的差辱。後來，此提案在程滄波立法委員等人反對之下，一直懸宕在立法院的討論中，但是倒楣的張承槱再度受到審計部同仁吳梅與姜純璧的黑函攻擊，而導致被控叛亂瀆職。此案後雖平息，立委白建民依舊在立法院繼續質疑張之操守，終於導致張承槱之去職[4]。此一爭議，很有可能是國民黨各派系內鬥卡位的白熱化表現，亦可能是張曾讓別人煮熟的鴨子飛了所結下的恩怨所致。姑不論實情為何，身兼查帳角色的審計長「顧人怨」，以及多人覬覦此一想當然耳的「肥缺」，應該是張承槱內外交逼的重要原因吧。

　　之後，張承槱的職缺由副審計長蔡屏藩扶正頂替。在張去職之後，《聯合報》〔黑白集〕專欄，曾經輕描淡寫地將張形容為當代的「骨鯁」人物，以公正清廉見稱，遂導致他人「骨鯁在喉」，終於導致張不諳官情，而以稱病為由下

③〈張承槱任期屆滿‧立委提議案‧請另行提名〉，《聯合報》，1955.12.30，第三版；〈對張承槱任期案‧九十六立委主免予審議〉，《聯合報》，1955.12.31，第二版。

④〔黑白集〕，〈張承槱問題〉，《聯合報》，1955.12.30，第三版；〈審計長張承槱被控叛亂瀆職〉，《聯合報》，1956.06.05，第一版；〈吳國楨涉嫌誹謗‧全部案卷移地檢處〉，《聯合報》，1956.09.18，第三版。

台一鞠躬。果若如此，這可是啃蝕國家利益的國民黨黨內蛀蟲，大獲全勝的另一種暗喻啊[5]！

蔡屏藩扶正爲審計長的立法院同意權表決中，蔡只比過半數票多出一張的223票低空飛過。在威權體制下幾乎是聽命行事的立委，行禮如儀的官場，竟然可以讓總統提名的蔡審計長票數如此難堪，根本是立委集體給審計長的下馬威。此外，此舉是否有警告蔡審計長，對於未來立委蛀蟲在蠹蝕國家財政時，必須睜隻眼閉隻眼實是不得而知；不過，立法院透由低空飛過的同意票的方式，而隔空跟蔣介石哭窮喊餓的效果卻是表露無遺。

◎戰時體制下的溫馴審計小狗

然而，有趣的是，對比於蔣介石當年所建構的戰時動員戡亂體制，立委個別蛀蟲「龔公」們上下其手的挖國家財政的功力，還是小巫見大巫。1957年2月9日，蔣介石在總統府的國父紀念月會，暨新任審計長蔡屏藩、駐土耳其大使邵毓麟宣誓就職典禮上親自蒞臨發表談話。蔣介石指出審計長一職，對於預算之執行，弊竇之防制，任務極爲重要，希望以後一本新、速、實、簡之精神，使我國財務行政，納入軌範云云；同時，蔣介石緊接著又說到，吾人目前最大之任務爲反攻復國，一切爲反攻，一切爲復國。政府施政方針，首在

---

[5]〔黑白集〕，〈以副易正〉，《聯合報》，1956.11.21，第三版。

集中財力物力，以從事於反攻之準備，以致三年有餘，軍公教人員之待遇，迄未能作全面的調整云云[6]。

蔣介石此一談話自相矛盾，表露無遺。一方面訓勉審計長能替政府財政行政納入常軌，另一方面，又希望集中財力物力從事反攻，因此，最大的蛀蟲可能即是此一為反攻大陸而建構的扭曲「戰時體制」本身。事實上，正是蔣介石此種戰時體制的想像跟設計，才是台灣財政長期扭曲，且審計功能不彰直至1990年代，都只能當一隻沒有牙齒的看門狗的元凶。

先將時序拉到1980年代末期，當解嚴的熱度開始將長期戒嚴所冰封扭曲的體制企圖重新矯正之際，關於戒嚴動員戰時體制下，政府體制被軍方人員與軍事國防安全為藉口綁架時，彼時審計部作為看門狗的牙齒，根本是蛀牙一片，管看不管用。早在1989年5月初，監委洪俊德等廿餘位監察委員已經連署一份書面建議，準備送陳李登輝總統，試圖為時任審計部副審計長蘇振平「扶正」建言，以接替臥病長假三月餘的審計長鍾時益。當年，監委此舉被某些有心人說成是要脅李總統，事實上，監委對於審計部不受監察委員控管已經相當不爽，審計長一職卻長期由行政院主計處長空降轉任，從張導民到鍾時益皆是如此，再加上當年行政院主計處主計長余建民可能循例轉任審計長時，鍾時益跟余建民兩人皆出

---

⑥〈總統在國父紀念月會上致辭・勗勉國人犧牲小我共體時艱準備反攻〉，《聯合報》，1957.02.11，第一版。

身於國防部主計局局長的過往，讓監委深感不只行政權染指監察權（行政院人馬轉任監察院），同時更給監委們「軍方介入審計權」的口實[7]。在當年的時空背景下，監委連署上書李登輝推薦蘇振平的意義，就有著斬斷軍方勢力染指審計部的意義在裡頭。

　　況且，從蔣介石主政以降，審計部對於政府各項經費審核均採「事前監督」，唯獨對於國防經費採「事後審核」，對此，軍品採購的黑幕溫床亦就被打造出來。於是，1989年9月，監委在國防跟財政聯席委員會中，針對軍品採購事前無法過問、軍人大量轉調文職「黑官漂白」的問題，與軍人不受公懲會懲處等問題提出抨擊，並嚴正地說這是軍方專擅與自外於政府體系的跋扈行徑。這段監委發飆的歷史，剛好說明過去審計長人選幾乎由國防部主計局、行政院主計長空降，使得政府的預算跟決算一概受到軍方控制，更使得國防預算的執行能規避閃躲現有審核；畢竟，若審計長出身國防部主計長，當然跟軍方的淵源鐵定讓二者相當「麻吉」，於是，拔擢蘇振平以作為本省籍出身且由審計部基層出線的第一人，就成了當年審計部擺脫軍方控制的一種表現。

　　當審計部與軍方受到外界抨擊與施壓之後，審計部才逐步釐清與國防部的關係，並將審計部第二廳從國防部主計局

---

[7]〈監委猛烈炮轟軍方作風〉，《聯合報》，1989.08.14，第三版；〈提名審計長打破舊慣例，朝野立委都表歡迎〉，《聯合報》，1989.09.07，第二版；〈蘇振平內定任審計長〉，《聯合報》，1989.09.07，第一版；〈審計長不再「空降」了?!〉，《聯合報》，1989.09.07，第二版。

內遷出，同時破天荒的，第一次派專人赴美針對「駐美採購小組」進行查帳[8]。以上兩個審計部改革措施的意義在於，過往軍方的預算與決算幾乎是軍方說了算，軍方預算與軍工工程、軍方採購等……，形同是軍方單方面的黑盒子作業，且在對外武器採購作業，均由國防部自行運作，審計部的功能則僅止於事後追認背書罷了。

審計部受到軍方的長期染指，以及對於國防軍方預算支出無多大置喙餘地，在在都說明了當年蔣介石如何將其國防預算與軍方勢力隱藏，以符合美方在1960年代要求其若要繼續接受美援，就得將國防預算支出降低之狡獪手法[9]。儘管，如同國民黨早期技術官僚李國鼎所言，在美援顧問奧利維建議下，並從1969年開始實施「國庫集中收付制度」之後，革除了當年各部會「擁錢自重」的多頭馬車情況，猶如割除了軍閥割據以來的痛。對於此，成大教授吳挺鋒則進一步分析指出：「……國庫集中收付制度的完成，是技術官僚與軍系勢力的一消一長。因為在未改制之前，國防部是預算金額掌握最多的單位而擁兵、擁錢自重，等於是讓財政體系掌理者對之無可奈何。然一旦國庫集中收付制度推行成功後，不啻意味了財政權力將一元化，這對當時的軍系勢力而言，猶如某種『削藩』效果。」[10]儘管，如同吳教授所言，

⑧〈審計部睡獅初醒〉，《聯合報》，1989.09.22，第四版。
⑨ 國史館檔案，石叟叢書（陳誠檔案），主題名：續編，案卷名：談話錄，內容摘目：〈接見美國安全分署署長郝樂遜談話紀要〉，1958.07.19。
⑩ 吳挺鋒，《財政政治的轉型：從威權主義到新自由主義》，台中：東海大學博士論文，2004，頁35-36。

軍方無法再擁錢自重，但現實操作上，軍方仍可以透由預算編列的浮濫假造，間接降低被「削藩」的效果，以及繼續保持浮濫盈潤有餘，以創造出可能上下其手的空間，讓利益雨露均霑廣披軍方內部各蛀蟲。畢竟，早期審計長皆出身國防主計長，且審計部對於國防支出只有形式檢閱功能罷了，這在在都讓軍方繼續坐擁金山銀庫而成為一方之霸。

於是解嚴後，在反對黨與各方聲討之下，軍方黑色帘幕開始被拉啟，審計部也開始就立委和輿論施壓，開始向軍方查帳開鍘，並據此揪出多宗軍中採購弊案，直至最引國人矚目的拉法葉弊案的發生。之後，蘇振平終於如外界所願，在1989年9月26日在民進黨的退席抗議下，以97%的同意票數通過扶正[11]。至於，民進黨的退席則是希冀蘇振平的同意權行使，能夠讓當事人到立院舉行聽證，或以來院報告方式以進行審查，於是，放在當年在野黨的抗議手段景致下，選擇退席而非霸佔立院主席台、搶佔麥克風，就成為民進黨間接認可蘇振平作為「三個第一」：第一位非軍人或主計處人員出身、第一位本省籍，以及第一位科班基層審計人員出身的審計長。

◎審計是肥缺還是燙手山芋？！

---

[11]〈「超級」投票率〉，《民生報》，1989.09.27，第十五版；〈蘇振平任命案通過〉，《經濟日報》，1989.09.27，第二版。

　　話說回來，早在1961年之時，監委陶百川等人就對於國防經費審計問題深感不滿。當年，軍系人員透由郭堉愷、陳大榕、張志廣等監委提出：「為配合政府軍工政策，對於軍工協建工程，應免其參與議價，並於工程完畢，立與驗收，以迅事功。」結果招致陶百川、金越光和吳大宇等委員同僚的反對 ⑫。畢竟，此舉將招致，凡是軍事單位要做，均可一概不須議價，軍方逃避審計之囂張可見一斑。同時，在1961年1月16日監察院的院會之中，陶百川對於當時佔總預算80%的國防經費的審核，只由審計部一個「科」負責深表不以為然，儘管該項審核已由一科十餘人負責，擴大到25人的廳來接任，稽核績效仍難令人滿意。因此，陶百川等監委建議，從次一年度起理應由國防與財政兩委員會各推兩位委員，經常四個月或二個月一次以督導視察審核工作。對於監委的此項提議，時任審計長的蔡屏藩一口回絕且幾乎在會上與監委拍桌槓上，並認為監委此舉無異於是傷害與干預審計權的獨立性 ⑬。蔡屏藩的動怒是真的為了審計權的獨立性，還是為了80%的國防預算的不可告人的內幕，這是頗值得深究的。

　　由於，監委跟審計部的心結，同年年底監委就為了審計部編著出版的一本《審計法令彙編》竟然未列於預算上頭之事而槓上，並認為審計部此本公款墊付的法令彙編竟可對外

---

⑫〈軍工協建工程議價問題‧監院付審查〉，《聯合報》，1961.01.11，第二版。

⑬〈國防經費審計問題‧監院昨日熱烈討論〉，《聯合報》，1961.01.17，第二版；〈監委多人相繼主張‧加強審計國防經費〉，《聯合報》，1961.01.18，第二版。

賣錢，根本有出書牟利之嫌疑[14]。翌年年底，迨蔡屏藩六年任期屆滿，緊接著汪康培就接任蔡之審計長職務[15]。

　　1966年，時任審計長的汪康培以健康不佳為由請辭並受到蔣介石慰留，從當年含糊其辭的報導，大約只能揣測人事鬥爭才是汪康培的辭職原因，至於真正內情只有當事人才知[16]。迨至，1968年汪康培任期屆滿前，監察院收到多封檢舉信，檢舉審計部副審計長王培顯、台灣省審計處長王肇嘉，與台北市審計處長郭承緒等人違法亂紀之情事。由於，此三人在角逐下一屆審計長職位的資歷上旗鼓相當，於是黑函也就滿天飛。郭承緒與王培顯皆被控告不法佔用房舍的舞弊，但是除了郭某之外，餘皆不了了之[17]。到底審計長有啥「好康」，可以讓為爭逐審計長的職位而如此大費周章，審計長是否是一個「肥缺」？有啥「油水」？真的只有內行人才知箇中三昧。否則，一個審計長職位的空出，何以招來黑函指控滿天飛的現象呢！由此可見，國民黨的黨內鬥爭並未因1950年蔣介石的黨內改造而停爭止息。

---

[14] 〈審計部涉嫌出書牟利！監院會議決定調查〉，《聯合報》，1961.12.12，第二版。

[15] 〈新任審計長‧內定汪康培〉，《聯合報》，1962.12.09，第二版。

[16] 吳炳造，〔新聞剪影〕，〈汪康培被留任‧澄清外間流言〉，《聯合報》，1966.07.10，第二版。

[17] 吳炳造，〔新聞剪影〕，〈金越光檢舉郭承緒‧為公理不顧私誼〉，《聯合報》，1968.11.28，第二版；吳炳造，〔新聞剪影〕，〈重要審計人員被控告‧傳與審計部改組有關〉，《聯合報》，1968.12.08，第二版。

◎引領風騷十八年：張導民年代

爾後，張導民從行政院主計長空降爲審計長，讓先前爲了審計長職位彼此較勁的三人大失所望。但是，在張導民被提名爲審計長的消息傳出後，對張導民指責的聲音就從國民大會開始傳出。此些國大代表指責，張導民在擔任主計長職務時，同樣身兼國大代表，卻不爲國代謀福利，讓國代薪水待遇相較立委都顯得廉價，於是，張導民被指責成這箇中的罪魁禍首，而企圖用放話的方式阻擋張導民的升官發財路[18]。對照起1992年國會全面改選，萬年老賊自肥退職案觀之，國代們恬不知恥的自肥，眞是早就有歷史可循。

直至1975年，六年任期屆滿之後的張導民繼續被總統提名連任。於是，張導民便一直擔任審計長到1987年方才退休。張導民在1970年，曾經拒簽國防經費支出憑證五億三千多萬元，如此觀之，張仍算頗有擔當之人。在郝柏村《八年參謀總長日記》中亦曾提及到，關於陸總採購FM200多波道保密通信無線電機案：「由於取消原代理商代理權而直接與採購者議價，原代理商開泰公司負責人爲空軍退役軍官，爲阻擾議價之進行，代理商盡一切卑鄙手段企圖阻擋，策動簡又新在立院質詢，對我（郝柏村）寫匿名信，並且活動到審計部審計長張導民身上，竟導致張拒絕派出審計代表參與議

---

⑱ 吳炳造，〔新聞剪影〕，〈張導民將在夾縫中過關〉，《聯合報》，1968.12.30，第二版。

價，直接干預行政採購的決定權，顯然是違法玩法⋯⋯此一邪惡勢力包括民意代表、退役軍官、某些高級人員的幕後支持⋯⋯」[19]於是，張導民在郝柏村眼中遂成了邪惡勢力的一環，孰是孰非，真應該找兩人來當面對質，才知道到底這採購油水誰屬？

2000年，當阿扁說動搖國本也要讓尹案水落石出之時，尹清楓命案的特調小組也將郝柏村的《八年參謀總長日記》列為重要證物，且張導民、簡又新甚至已故的蔣經國等人再度被列為「證人」，只是後來特調小組仍然沒有讓張導民跟郝柏村對質，實在是令人扼腕。軍購回扣問題相當嚴重，否則尹清楓命案不會發生；也因為軍購問題黑幕層層疊疊，才會令致尹清楓命案難以偵破。關於軍購回扣問題，底下將會繼續談及。

事實上，審計部每年都會對外說明，審計部今年又替公帑或國庫節省多少的績效吹噓。譬如，1975年時值審計長六年一任提名期再度到來之際，張導民就在當年監院總檢討會議上提出報告指出，1974年一年內，審計部及所屬審計單位執行審計工作結果，共計節餘公帑及增裕庫收達十億四千餘萬元，對健全財政，有良好的影響云云，據說，此種績效還頗受監委們讚揚[20]。但是，審計部的國庫抓漏，根本趕不及制度性的刻意漏洞。1977年11月21日，監察委員李存敬就在

⑲ 參見郝柏村，《八年參謀總長日記》，台北：天下出版，2000。
⑳《社論》，〈從審計長連任談審計部應有的新猷〉，《聯合報》，1975.01.12，第二版。

　　總檢討會中曾出言檢討批評說，負有政策責任的榮工處、中華工程公司、唐榮鐵工廠常以議價方式承攬國內營建工程，易生流弊，且阻礙民間業者發展。此三家公司，除了榮工處之外，中華工程與唐榮工廠均無實際競標能力，施工能力亦顯不足，得標之後多再轉包給民間業者賺取手續費。

　　話鋒一轉，李存敬更加露骨地指出，公營公司轉包民營業者賺取二至三成的手續費，所以民間公司得標的單價不高，利潤有限，影響工程品質，施工能力亦在此依附關係下受限，影響工程技術與施工規模的進步。打蛇隨棍上，李存敬更進一步指稱，審計部去年監督各機關開標程序，為國家節省了五億零九百萬元，但這三大公司轉包一筆工程賺得的手續費，可能就不只此數云云[21]。

　　李存敬一語驚醒夢中人，原來層層轉包與台灣工程品質的低落此一深擾台灣社會的惡根，親手種下且啟動轉包機制供應面的竟是此些國營工程單位。轉包過程中的禮尚往來跟上下其手的黑盒子，審計部根本無權亦無法掀開，審計功能早在轉包過程中被再三斲喪，號稱國庫抓漏，不過只是「糊弄」的花拳繡腿罷了[22]。若在這些國營工程單位與下游民營承包單位之間，加入省籍因素或者政策為照顧榮民、罔顧環保生態等角度觀之，此些蔣介石的政策設計，對於台灣工程品質、環保生態等等……，真可說是早已禍根深埋啊！

---

[21]〈議價承攬營建工程‧監委認為易滋流弊〉，《聯合報》，1977.12.22，第二版。
[22] 關於政府採購的制度性弊端相關問題，可以進一步參見蔡郁崇，《政府採購的雙元性——採購弊案的制度性起源》，新竹：清華大學社研所碩士論文，2000。

　　國營銀行呆帳問題，也在1980年代初被監察院跟審計部重提，更曾致函當年的財政部長徐立德，但由於徐表示公營銀行配合國家經濟發展，對工商業辦理放款盡可放手去作，若在正常放款下發生呆帳，審計部將不會追究有關人員之財務責任。放在當年，中小企業無法跟銀行融資借款的實情看來，國營銀行放款圖利的無非是國營事業、國家工程、私人大型企業與政客借款，果若，2000年之後的浮濫呆帳問題，並被迫要全民買單，早已種下了歷史的遠因。尤其，1980年代的泡沫經濟逐漸成形，且隨著台灣選舉激烈化的到來，政商關係重新組構，審計部當年對銀行呆帳問題選擇靜默跟配合，如同1983年8月23日《經濟日報》的社論〈審計部不追究銀行正常放款呆帳責任〉一文中，說明了審計部的不追究的立場觀之[23]，其實這些年的呆帳風暴早已於過去的歷史行進中埋下。天下之事發於至微而終為大患，審計部對於銀行呆帳問題的放任，算不算失職呢?!

　　此外，更離譜的是，1983年9月監委李炳南在監委審計研究委員會議上指出：台灣區三百六十一個鄉鎮每年上千億元的營繕工程，從未被列為審計對象，造成的浪費和弊端也少人過問，缺漏甚大，令人不可思議。至此，審計部才考慮將鄉、鎮、縣轄市列入審計範圍[24]。地方派系與政客，到底從審計在地方的缺席中得到多大與多少年的好處，實是令人

[23]〔社論〕，〈審計部不追究銀行正常放款呆帳責任〉，《經濟日報》，1983.08.23，第二版。
[24]〈每年上千億元營繕工程‧鄉鎮從未列入審計範圍〉，《聯合報》，1983.09.19，第一版。

好奇。當年，審計部的花瓶角色，再次被此一荒謬現象給凸顯殆盡。

直至1986年，張導民任期再度屆滿之時，出身國防部主計局的鍾時益接手爲止，幹了18年的張導民審計長，除了被外界稱道的建樹：修訂規章、豎立各種內規、改進審計程序及技術外，還包括增設該部第二、三兩廳，加強國防經費及特種公務的審計。尤其，張審計長創設了台灣省各縣市審計室，專司縣市地方審計的措施，不但開創我國政府審計的嶄新領城，同時也樹立了完整永久的政府審計制度云云。再者，據說早年審計機關裡頭，有西派（陝西）與東派（廣東）的拉扯，張導民則打破此種派系分野，晉用人才爲考試是憑[25]。果若如此，派系政治眞可說是布滿整個國民黨政府，這亦間接說明了學者陳明通曾指出228事件的發生，除了經濟、文化成因之外，派系鬥爭亦是不可小覷的一個動力之言，是有其現實基礎的。

關於張導民此人的故事或周邊新聞，也有值得一提之處。當了18年審計長的張導民，堪稱戰後國民黨跑路來台後六任審計長之中在位最久的一位。1984年，當蔣經國連任總統時，張導民藉由《聯合報》一隅來PLP（捧爛葩），並舉出五點來說明他所知道的勤政愛民的蔣經國：儒家精神、堅毅性格、遠矚高瞻、勤儉建國、敬老尊賢[26]。放在今日角度看

---

[25] 林松青，〔聯合筆記〕，〈少了使命感之後〉，《聯合報》，2001.07.30。

[26] 張導民，〈我所知道的蔣總統經國先生‧祝賀他當選連任中華民國第七任總統〉，《聯合報》，1984.03.22，第十五版。

來，這五點除了PLP之外，實是看不出身爲國家領導人蔣經國的適格與適材的能力所在。

張導民的夫人是監委蔡孝義，1984年6月25日《聯合報》曾經報導，張導民的值年七歲的孫子張純信跳入泳池救人的故事。話說張純信在其美國休士頓附近的家，躍入自家泳池將其保母跌入池中的四歲小孩救起。由於，其保母不諳英語，張純信更是透過急救電話「九一一」緊急召來救護人員，救回保母小孩。於是，美國總統雷根特別在中國兒童節四月四日當天，寫信嘉勉張純信的機智跟勇敢。被美國報紙譽爲「英雄少年」的張純信，在越洋電話接受《聯合報》訪問時，對美國記者稱讚他乃爲「美國少年的楷模」相當有意見，而毫不猶豫地對《聯合報》記者強調自己是：「雖然生在美國，但仍是不折不扣的中國人。」[27]先不說，生在美國拿美國護照是中國人還是美國人，據報導指稱，張純信老爸張鐘濮跟老媽是台灣去的留學生，之後留在美國工作，其住家仍有泳池，可見家庭相當優渥。或許家庭優渥的環境，是審計長老爸教導如何開源節流下攢節而致富的吧?!當然，這也間接說明一個有趣的現象，即是所謂眞正的「『高級』外省人」早已移民西方成爲美國人，而非滯留台灣然後自我吹捧爲高級款[28]。

---

[27]〈英雄出少年，七歲男孩躍入泳池救溺‧中華好兒郎，雷根總統致函嘉其勇敢‧張導民蔡孝義的愛孫，美記者譽爲美國少年的楷模〉，《聯合報》，1984.06.25，第五版。

[28]參見馬賽曲，〈一個「中級外省人」的GGYY〉，收錄於《超克GGY：「郭冠英」現象之評析》，台北：前衛出版社，2009，頁48-50。

據說，張純信後來曾參加全國的留學考試，還榮膺GMAT的最高紀錄保持人，爾等若知道他其實是美國人之後，可能心裡頭會稍加寬慰點吧。爾後，1994年李登輝推動「南向政策」，希冀引導資本南向而非西進中國時，翌年1995年李登輝的「中東之旅」中，主掌國民黨第二大黨營投資公司——光華投資公司的總經理張鐘濮隨行，便引起外界對此人的好奇報導。張純信的父親即是張鐘濮。至於，張鐘濮的大哥張鐘瀋是全美國兩位華人校長之一，除了田長霖之外，另一位就是柏克魯理工學院校長張鐘瀋[29]。

當時，張鐘濮的三哥張鐘潛則曾以最年輕的身分入主台電公司董事，出身美國科羅拉多大學企管博士的張鐘潛，曾經是最年輕的台鋁董事長、最年輕經濟部國營會副主委，也是最年輕經濟部常務次長。民國78年，43歲出任台電董事長，也是創下最年輕台電董事長的紀錄。直至，限電事件與核四興建問題，導致張鐘潛於1997年7月請辭台電董座，並轉換跑道至民營公司台苯當董座[30]。

1999年8月9日，《聯合報》一則報導說，張導民一家典型滿門外省權貴高級公務員系統出身，齊聚一堂替其高齡九十的父親歡度父親節之時，記者還以張家為例，感嘆國內

---

[29] 李順德，〈焦點人物：開朗民主，只辦事不辦公‧張鐘濮，中東行不聲張〉，《經濟日報》，1995.04.09，第十七版；陳雲上，〈人物剪影：好妻、好子、好父母‧張鐘濮是幸運兒〉，《聯合晚報》，1998.11.29，第六版。

[30] 李順德，〈焦點人物：國民黨黨營事業點將‧張鐘濮領導風格開放〉，《經濟日報》，1996.06.16，第九版；王純瑞，〈焦點人物：張鐘潛換跑道‧追求更寬廣空間〉，《經濟日報》，1997.07.06，第九版。

官場政壇升遷流行「台灣優先」，使得這群「外省」公務員系統多少有「生不逢時」的感慨，並舉出當年張鐘潛曾有機會角逐經濟部長大位，但隨即機會卻擦身而過[31]。

官場上有時必須相互照應，譬如前立院副院長江丙坤，就曾提及當1960年他通過赴日留學獎學金取得碩士學位後，就在準備繼續深造學費無著之際，受到張導民跟張寶樹的提攜，聘爲駐外商務人員，讓江丙坤能獲取東京大學農經博士學位。如此說來，張導民眞可說是江丙坤的貴人，只是不知道當江丙坤飛黃騰達之後，有無知恩圖報反過來提攜政壇上逐漸失意的張家第二代呢?!

此外，當年叱咤高雄雄霸南方的朱安雄，坊間時常傳聞其與上層掛鉤的不二法門即是到處認乾爹，終於讓高雄朱安雄當上監委，老婆吳德美幹上立委，而傳出：「白天幹監委，眞雄；晚上幹立委，好美。」橫批：「爽！」的戲謔對聯。當年，吳德美亦曾認張導民爲某一「父執輩」，可見張氏在朝中也算是A咖一枚[32]。

2001年年底，前審計長張導民人生謝幕之際，其治喪委員會曾致函內政部詢問張氏是否可享有覆蓋國旗之榮譽，但由於法未明訂而不知最後處理方式爲何，不過此舉也導致內政部決定訂定「國旗覆蓋靈柩實施要點」辦法以資因應[33]。

[31] 〈歡度父親節・張氏家族庭訓比財富〉，《聯合報》，1999.08.09，第二十四版。
[32] 盧照，〈縱橫政商30年，全靠16字眞訣・朱安雄，金雄！〉，《新新聞》826期。
[33] 〈國旗覆棺・身後尊榮平民化〉，《民生報》，2001.12.30，第A2版。

◎蘇振平的年代

● 照片中的龐大建築，乃是「審計部高雄市審計處」。電影《不能沒有你》描寫公務
員僵固的「依法行政」可能會成了擾民的措施，不知道審計部門體積越龐大，與政
府效率的低落和公務員怕事的心態會否有關呢(著者攝)。

　　當1986年時，台灣省政府為了紓解省營唐榮鐵工廠財務
困境，繼台灣省菸酒公賣局50億元的復興啤酒廠之後，又將
工程數十億元的高雄港穀倉工程及18億元的重陽大橋工程，
一併議價交給唐榮承包，並為唐榮公司量身打造出唯一符
合承包之資格，此舉招致民營營造業者認為不符公開招標
原則，而提強烈抗議。審計部面臨兩難，於是時任副審計長

的蘇振平只得對外表示，是否准以議價方式交由唐榮公司承建尚未決定，以為緩頰[34]。此乃因為，根據審計法第46條規定：「各機關營繕工程，其有特殊或因技術要求，或因政府政策需要，不能公告招標，經各級政府最高行政機關核准者，得逐案敘明理由，徵得審計機關同意後，以議價方式辦理。」審計部淪為政府政策背書功能，再次表露無遺。

翻開阿扁主政下對於經濟衰退的討論批評，一直是拿蔣經國或者國民黨主政下的經濟表現作為對照，但是，端就此一事件看來，國民黨的經濟政策並不高明，政治凌駕經濟理性的考量處處可見，國家資源的浪費更是比比皆是。美化國民黨主政的經濟表現，實在是對歷史的刻意扭曲與錯認，只是政黨顏色與立場產生的歷史色盲罷了。國民黨時期的經濟表現，與其說是國民黨技術官僚的高竿，還不如說是從冷戰時期美國為扶植台灣經濟以圍堵對岸，且地球上仍有半個地球屬於共產集團的範圍中，國際競爭激烈化程度不較今日所致。

如前所述，1989年當監委與立委不斷抨擊軍方勢力自外於整個政府體系，自成一格之時，蘇振平在同樣出身國防部主計局余建民空降的傳言中，以驚濤駭浪的情勢下被扶正為審計部長。1989年8月，監委洪俊德、李詩益、林孟貴對於軍品採購審計部完全無置喙餘地，且政府機關中軍人幾乎任何職位都可以轉調，堵塞文職公務員的升遷管道並破壞政府

---

[34]〈工程議價發包須符規定·唐榮獨具資格？引起異議〉，《聯合報》，1986.01.26，第二版。

文官制度等，提出抨擊，扶正後的蘇振平遂掌握了，改革過往軍方凌駕滲透一切的扭曲戰時體制設計的勢頭。譬如，監委在1989年就曾質問蘇振平，關於郝柏村出國採購武器審計部是否有派員隨同的問題時，蘇振平遂坦承說，對於軍品採購審計部只能事後審計認可[35]。

　　如前所述，當外界對於軍方自外於政府體系的抨擊力道愈加猛烈之時，改革的可能性就愈高，的確也讓審計部取得了釐清跟國防部關係的好籌碼跟時機。1989年10月底，當立院審查民國77年度中央政府總決算，有關外交、國防、原委會等所謂「黑盒子預算」的收支情形進行質問時，列席的審計長蘇振平終於首度表示會「考慮」立委的要求，深入瞭解此些黑盒子的內容為何。在外界壓力下，1989年12月13日，時任國防部長的郝柏村，首度到監察院國防與財政委員會舉行秘密聯席會議，會中就軍品採購和稽核問題交換意見，監委們並分別就相關問題就教郝柏村與蘇振平二人[36]。

　　黑箱的國防預算正逐步地被一個個攤在陽光下。同年12月，1978年中美斷交時，國民黨政府為動員民眾愛國情緒，大搞「自強救國捐獻」運動，並在此項捐獻基礎上成立「國防工業發展基金會」，其董監事成員名單終於首次在立院曝光[37]。1990年4月，蘇振平在立委陳水扁的質問下答覆立

---

[35]〈監委猛烈炮轟軍方作風〉，《聯合報》，1989.08.14，第三版。

[36]〈郝柏村昨和監委首度接觸〉，《聯合報》，1989.12.14，第四版；〈國防經費繁複、金額龐大·審計部今後將嚴審把關〉，《民生報》，1989.12.20，第十三版。

[37]〈國防工業發展基金會董監事名單首次曝光〉，《經濟日報》，1989.12.24，第二版。

委時指出，國防採購付給代理商是「佣金」不是「回扣」；
且蘇更進一步指出軍事採購對代理商的報酬，通常是五十萬
美元的採購佣金爲百分之三到五，超過五十萬美元則直接購
買不須佣金；若這當中有回扣，則屬不合法。對此回答，陳
立委水扁不太滿意，並繼續指稱政府派出的採購團中，有不
少乃爲國防部高級將領的親朋好友，若透由此種管道，則一
種可觀的「隱藏性的回扣」根本難以被抓包；果若，台灣動
輒數千億元的採購數額，可能擁有上百億的回扣或佣金[38]。
1990年陳水扁立委的質疑，不幸地在爾後尹清楓命案中兌
現。蘇振平爲杜悠悠之眾口，終於承諾設於國防部內的審計
部第二廳將在1991年遷出，以確保公正地監督審核國防部的
預算執行。

　　1990年4月，監委再度抨擊質疑，爲何成立21年的中山
科學院一年高達二百多億的經費預算，竟然一點也不須經過
審計的過程，這當中是否有上下交相賊的人謀不臧，頗令人
懷疑。終於，蘇審計長在1990年5月17日的監院國防委員會
議上同意並作成決議，自八十會計年度起，由監院國防會委
員、審計部官員會同國防部辦理軍品採購事宜，以降低軍中
採購的黑幕成色[39]。

　　結果，同年六月立委林正杰揭發軍襪採購弊案，並直指

[38]〈國防採購‧有佣金無回扣〉，《聯合報》，1990.04.05，第二版；〈審計長昨承認國防決算
缺失最多〉，《聯合報》，1990.06.09，第二版；〈只有中華民國的軍方白白送錢給人家．
監委：佣金那有由買方負擔的〉，《聯合報》，1990.06.14，第九版。
[39]〈杜絕流弊監院決議會同辦理〉，《聯合報》，1990.05.18，第四版。

受僱統全興業公司，處理軍襪採購事宜的總統府參軍蔣仲苓姪子蔣晉雄的襪子是在上海製造，並將砲火指向監委王玉珍曾受統全興業負責人向審計部「關照」。弊案風聲一出，蘇振平出面否認關說事宜，也挺身發表聲明指出，軍襪案跟監委王玉珍無關[40]。後來，軍襪案經國防部軍法局高等審判庭審理終結宣判：聯勤主計署副署長劉豹少將，處有期徒刑十年；物資署內購組長陳道明上校，處有期徒刑十年；陸總經理署三組組長廖運洵上校，處有期徒刑三年六個月；廖妻廖薛文英無罪；陸總經理署長呂逢周中將，處有期徒刑一年九個月，緩刑二年[41]。

1990年6月8日，蘇振平又在立院審議中央政府78年度決算報告時，在陳水扁立委炮轟下首度承認國防決算缺失最多，且我政府軍火採購回扣有超過15%的違法情形，同時也已要求國防部追回並與這些軍火商拒絕往來。同時，蘇振平也在阿扁立委的火力之下承認，若這當中有涉及刑責違法瀆職者，由於審計部無司法警察權，因此通常也就不了了之[42]。之後，審計部將對外採購軍品的佣金明文訂於採購規定之中，且高達15%之譜，此舉再度讓監委洪俊德對蘇振平發飆怒斥說，軍方對外採購軍品把賣方應負擔的佣金，自己承擔下來的同時，還白紙黑字寫於採購規定，真是無比荒唐。在1990年代的風景中，審計部就在各界壓力下被迫向軍

---

[40] 〈審計長蘇振平再度聲明·軍襪案與王玉珍無關〉，《聯合報》，1990.06.02，第十版。

[41] 〈軍襪採購弊案宣判·少將劉豹判刑十年〉，《聯合報》，1990.12.18，第七版。

[42] 〈審計長昨承認國防決算缺失最多〉，《聯合報》，1990.06.09，第二版。

方黑盒子挺進開鍘，面對國防與軍方採購就成閹雞狀態的審計部，亦就被立委跟監委裏脅下，到處尋找那早已遺失的「鳥」，企圖硬挺起來。

國防軍事採購弊案的最高潮，是1993年涉及總預算達新台幣1152億的二代艦採購業務，而導致尹清楓致死的案件。解嚴之後，台灣政府開始進行「正常化」的工作，軍方高級將領安插的地盤陸續被收回，譬如省交通處是陸軍，港務局是海軍，陽明海運、中船亦是海軍出身將領的禁臠等等，都逐步將升遷拔擢交還給文官系統或者專業考量，軍方勢力與利益地盤限縮的同時，過往軍品採購或者軍工工程中，因為免除審計過程所創造出的大餅，漸次在立委、監委和外界壓力下上下其手的難度愈來愈高，於是，尹清楓命案就在這樣一個後解嚴的時代中，在某些貪瀆之徒企圖狠咬最後一口的心態下發生了。爾後，審計部由於牽涉審計稽核國家財政的實權，因此，往往是在反對黨立委企圖拿來斬斷國民黨政府金權結構的盾牌，審計部亦就屢屢成為朝野立院彼此駁火交鋒的介面。1992年4月，時任立委的陳定南在審查審計部預算時指出：「審計人員操守應該十分清高，但審計部部分地方審計人員，在執行審計工作時，往往作威作福，予取予求；若地方政府單位未予招待，就處處刁難，已嚴重損及審計形象。」[43]果若如此，當年審計部官員的素質，實是令人不敢恭維。

---

[43]〈退輔會預算表決過關·警政署經費「卡在街頭」〉，《聯合報》，1992.04.24，第四版。

　　1992年12月30日，蘇振平在立院指出，國營事業的用人費用高達營收三成以上，導致國營事業虧損黑洞持續擴大，由此可見對於國民黨喜好把國營事業作為安插人事的慣常作法，審計部除了道德勸說之外，對此情形依舊沒轍。雖然經過各方的圍剿，當年度國防部的軍品採購送到審計部審查的比率仍然只有3.34%之譜，對於此偏低的比率，陳水扁立委也再次要求蘇振平必須硬挺起來，加強審理軍品採購^⑭。

　　儘管，審計部隸屬監察院，但是監委對於審計部卻沒有監督之權力，於是1993年9月，監委準備採取行動收回「審計權」，一向溫文儒雅的監院院長陳履安也以：「難道不覺得慚愧？」發飆怒斥連續兩次缺席審計部高層人員與監委聯席會議的蘇振平。因為，當時高速公路拓寬工程的十八標與中油廢水工程弊案之中，審計部將自身責任撇得乾淨，一副不干我事的態度，導致眾監委與院長不爽而重提回收審計權之提議^⑮。

　　在十八標弊案的風暴背景下，蘇振平在1993年10月5日的監察院報告時透露，李登輝在擔任台北市長時曾告訴他：「台北市的工程有百分之八十偷工減料。」而他認為還不止於此。於是，社會上瀰漫著一股聲討公共工程偷工減料的聲浪，隔天李登輝卻在拜會台北市議會議長陳健治時，澄清他在擔任北市長時根本不識蘇振平，以藉此澄清蘇振平的話出

⑭ 〈國營事業虧損持續擴大，用人費率占營收三成．審計部促經部改善退輔會預算表決過關．營政署經費「卡在街頭」〉，《經濟日報》，1992.12.31，第三版。
⑮ 〈監院風雲．陳履安發火．斥責審計長〉，《聯合晚報》，1993.09.14，第四版。

自李登輝口中。正是這樣的澄清，頓時讓當年社會全面檢討公共工程品質的聲浪大降，並讓焦點轉移成李登輝究竟有無說過「台北市的工程有百分之八十偷工減料」此一句話[46]。至於，台灣公共工程品質的低劣，凡是台灣人應該都親身體驗過，實是著毋庸議之事，只是造成公共品質當中的結構問題，譬如層層轉包、黑道白道的工程綁樁等等⋯⋯，幾乎都沒有在討論過程中被改變，實是悲哀之事。

1994年1月，監察委員陳金德、趙榮耀正式提案彈劾審計長蘇振平，而彈劾審計長的主要理由是：第一、蘇振平在向交通、經濟委員會提出報告時，指出十八標工程偷工減料，得標廠商太平洋公司進度嚴重落後等提供不實的資料，影響廠商信譽，且欺瞞交通委員會；第二、監院交通委員會曾決議要求審計部切實檢討，並對有關疏失人員予以議處，但蘇振平卻遲未處理，至於其他三人則是預估及查核底價時浮濫不實，致與決標價相差懸殊。此乃是監察史上首度提案彈劾審計長[47]。監委、廠商、審計長以及涉案立委，當年疑雲重重的十八標，今日看來仍是霧煞煞，只知道各方利益代理人的背後都有政客在撐腰。

由此觀之，審計部作爲獨立機關，可以與政治無涉的說

---

[46] 〈李總統曾說：北市工程八成偷工減料〉，《聯合報》，1993.10.06，第四版；〈北市工程八成偷工減料？立委質疑李總統有否說過此話，蘇振平稱光憑「感覺」無法查辦〉，《聯合報》，1993.12.03，第四版；〈特權與暴力介入一直未能有效遏止，陳豫坦承基層工程普遍偷工〉，《聯合報》，1993.10.06，第四版。

[47] 〈十八標案監委提案彈劾審計長〉，《聯合晚報》，1994.01.18，第二版；〈不滿審計部有關十八標案答覆，蘇振平面臨彈劾〉，《民生報》，1994.01.19，第十三版。

法，實在是天方夜譚。當然，此次流產的彈劾，更有著監委
們長期對審計權鞭長莫及的重新追索，而與審計部發生彼此
扞格的角力在背後醞釀著。再者，第二屆監委爲擺脫紙老虎
的譏評，亦想透由彈劾來證明自己乃一隻會咬人的老虎，於
是，彈劾蘇振平的提案就在這樣的背景下被提出。

　　1994年3月，審計長蘇振平坦率指出，由於現行法令對
行政職權與審計職權的劃分混淆不清，使工程或採購主辦機
關常以招標文件已報審計機關爲由，作爲推卸行政責任的藉
口。爲此，審計部已向立法院提出「機關營繕工程及購置定
製變賣財物稽察條例修正草案」，大量刪除審計機關有關工
程採購事前監督的規定，讓投、開、決標等事宜全面回歸行
政機關負責，以杜絕行政機關間的踢皮球與責任推諉[48]。蘇
振平此舉，不僅可以巧妙避開立委質詢炮轟的政治火線上，
亦可以讓主事機關自己爲自己負責，果眞是高明的一招。

　　但是，國民黨長期一黨獨大所累積的弊病，何止一端。
在1994年4月的立院預算聯席會中，立委輪番上陣，接連向
審計長蘇振平揭發政府預算執行弊端，並要求查明、追究
責任。曾任財政部長的新黨立委王建煊亦指出，有部長級以
上的「大官」涉嫌利用職權，以太太名義，轉售或轉租房地
產給公營事業充當辦公處所藉以圖謀私利，反正由公營行庫
高估其價值，租售給公家單位，花的是公家單位而非自己的
錢，也樂得和大官攀關係，於是就這樣編預算租購。新黨立

---

[48]〈工程採購審計部不願再當替死鬼〉，《聯合報》，1994.03.10，第六版。

委趙少康也指出，最近有許多財力早已惡化的工程業者，利用政府對重大工程會先付百分之二十至三十預付款的制度，不斷搶標工程，然後挖東牆補西牆，形成「連環騙」，最後變成「連環倒」，工程品質堪憂不已。蘇振平在這些立委言之鑿鑿地指出公務員違法亂紀的情形下，被迫強調：「如果半年內沒有結果，我就切腹自殺！」[49]

解嚴之後，在反對黨的監督壓力下，弊端一一浮現，蛀蟲一一現身，真的只能感嘆審計部從蔣介石以降所豎立的體制下，只是乖馴的寵物狗罷了。審計部就在這一連串的事件中，被迫從過往的消極不施為，到被裹脅前進採取積極主動，從這段歷史的覽閱過程中，審計部的績效功能，果真令人不忍卒睹。

之後，由於蘇振平曾經刪除郵局員工的績效獎金，導致基層郵務員準備在1997年5月1日勞動節當天，發動集體休假抗爭，爾後經蘇審計長在立院同意，保留郵政總局85年度決算相關部分之後，並由交通部次長許介圭對外發出聲明說，郵政員工可以補領一點一個月的績效獎金後，此郵局勞工抗爭情事始獲得平息[50]。審計部對大官虎不敢捋虎鬚，卻選擇基層小公務員開鍘，真是令人不敢苟同。

同年，監察院公布公職人員財產申報資料，審計長及

[49]〈立委抨擊大官與公營事業利益輸送〉，《聯合晚報》，1994.04.18，第二版；〈大官房地產高價租售公家〉，《聯合報》，1994.04.19，第四版；〔黑白集〕，〈夫以妻為貴〉，《聯合報》，1994.04.19，第二版。
[50]〈審計長鬆口．五一集體休假行動出現轉機〉，《聯合報》，1997.04.15，第十九版。

其妻子擁有二十六筆土地，其中二十四筆在苗栗縣，房屋一棟、存款一百五十五萬一千五百零三點二元、股票一百零一萬二千四百一十元、黃金條塊五十三萬七千九百五十元、鑽石珠寶五十萬元、字畫藝品三十萬元，及事業投資二百七十六萬元。就此看來，擔任審計長的人，的確是比較會理財[51]。

1999年，蘇振平亦在立院指出，依統計歷年來稽察各機關學校，財務上不法不忠案件數中以國防部居榜首，主要是因為國防部預算龐大，支用部門多所致。蘇進一步說審計部對於不法案件一定會送司法單位處理；不忠案件，嚴重者，也會送監察院予以彈劾，一切依法辦理[52]。可見，長期處於戰時體制下坐大的軍方勢力，真可說是黑幕重重，縱使彼時台灣已經離解嚴有十數年之久的光陰。

2001年7月，《壹週刊》報導審計長蘇振平長期使用信義大樓官邸，卻又濫權將位於台北市安和路的審計人員訓練中心作為首長官舍，公產私用。蘇振平回應表示，信義官邸因九二一地震受損，進行整修，才暫時遷入審計人員訓練中心，絕無濫權公產私用情事。對此，審計部人員指出，九二一大地震後，信義大樓整修施工，蘇振平搬到審計人員訓練中心的頂樓居住。由於搬家搬來搬去很麻煩，因此沒有搬回信義官邸，有時就兩邊住著；若小孩從國外回來，兩邊

⑤1〈最新公職人員財產申報資料・蘇振平有土地26筆〉，《民生報》，1997.04.26，第二十版。
⑤2〈機關不法不忠案・國防部居榜首〉，《聯合晚報》，1999.03.29，第七版。

住也比較寬敞。對於此被抓包事件，審計部主任秘書王欽福表示，九二一大地震後，信義大樓官邸經沈祖海建築師事務所等單位鑑定後進行整修，過了那麼久應該是整修好了，對於記者詢問審計長會不會搬回信義官邸，王欽福說：「應該是要搬回。」[53] 審計長作為稽核所有公務機關，且替國庫抓漏的最高指揮官，如今卻被抓包佔住兩官邸，實是難堪。

迨至，2001年9月，立院又針對蘇振平的審計長任命進行審查，已經下野的國民黨此刻卻對蘇振平的操守提出各種質疑，對照起1995年的立院任命審查會上，對於蘇振平的百般護航一事看來，台灣只問藍綠，不問是非專業，真的有夠離譜。

2002年5月，負責國防部、國安局、軍情局預算審計業務的前審計部第二廳廳長朱明正，退休後不到三個月就赴中國開設會計師事務所，似乎違反現行管制規定。同時，立委指出朱明正嫻熟所有國安機密業務，對國家安全的影響更甚劉冠軍和潘希賢，對此情形在在說明，台灣政府的制度存在相當嚴重的缺漏。2003年10月，蘇振平跟時任九二一重建委員會執行長的郭瑤琪，為了到底921的重建執行率是93.8抑或是48.73而槓上。基於此，郭瑤琪寫了一封信給蘇振平，表達嚴正抗議。但現實是，三年前針對921災區重建率的爭議，除了政治口水之外，郭瑤琪與蘇振平根本以唱雙簧的方

---

[53] 〈審計長蘇振平被指公產私用〉，《聯合報》，2001.07.27，第四版。

式，聯手在上演一齣欺騙社會的戲碼[54]。事實上，這兩人所說的重建執行率指的只是政府的建物和業務恢復，對於災民家園的重建根本是兩碼子事。

因為，政府在這場台灣巨變之中，扮演的角色微乎其微，頂多只有幫災民，跟銀行進行貸款的展延談判和展延期限的利息吸收。許許多多在台灣地產泡沫經濟中搶建的集合住宅倒塌，這當中有多少地方派系跟建商跟公務人員貪贓枉法的情事，都在建物倒塌的同時亦被掩沒。當「921大地震受災戶聯盟」提出公屋概念，企圖修正台灣房地產極度商品化，並造成無數工人民眾成為一輩子的屋奴的理想時，政府連考慮都不考慮便加以否決。畢竟，對於政府職能而言，「小而美」的政府似乎才是它們的最高標準，而這場重建率的口水雙簧，根本就是聯手掩蓋掉廣大災民家園重建之不可能的事實。重建率的爭議，根本跟屋毀人亡的災民其家園的重建，八竿子扯不上邊。

另外，值得一提的是，如前所述蘇振平作為「三個第一」：第一位非軍人或主計處人員出身、第一位本省籍，以及第一位科班基層審計人員出身的審計長，其也有段遠赴日本造飛機的經歷。在1943年二戰戰況吃緊之時，日軍在台灣招募台籍中小學應屆畢業生八千名，赴日本神奈川縣高座郡海軍工廠造飛機，成為少年工。後來一個名為「台灣高座會」的團體成立，重聚當年的少年工，會員包括：國泰集團蔡萬才、台北縣議會前議長陳進炮、審計部審計長蘇振平等

---

54 〈重建執行率·郭瑤琪槓上審計長〉，《聯合報》，2003.10.21，第A11版。

政商界名人皆是[55]。

　　蘇振平所主掌的審計部，就這樣子從1989年，直至阿扁任內末期的國務機要費的問題，再度讓審計部成為新聞鎂光燈的焦點。審計部到底是會咬人的看門狗，還是馴服小貓咪，從戰後審計部在台灣演變的歷史看來，實是令人不表樂觀。審計制度若要真正的確立，實在是要有如屈原「路漫漫其修遠兮，吾將上下而求索」的豪情勇氣才行。不過，從以上審計在台灣的簡短歷史看來，這樣的審計長根本尚未出世。姑且不論，阿扁國務機要費的爭議究竟真相為何，若審計部想藉此機會重新豎立其審計威信，和一次性地讓國庫財務使用弊竇根絕的話，吾人還是得加以肯定。只是，此次國務機要費放置在高度藍綠對決白熱化的脈絡下，審計部的任何作為，都可能被政治對手利用成打擊對方的工具，而模糊掉制度的建立才是根本時，台灣審計制度的確立前景依舊是讓人憂心忡忡。

　　突然令人想起，馬克思在《資本論》中述及資本的轉化與再生產時，曾經引用伊索寓言中〈說大話的人〉[56]來影射，不要再說些甚麼大話，就用行動證明一切吧。因為：「這裏是羅陀斯，就在這裏跳躍吧！這裏有玫瑰花，就在這

---

[55] 〈當年赴日造飛機・今將赴日建涼亭〉，《聯合報》，1993.05.25，第六版。

[56] 此一寓言故事是說，有位擁有五種競技的人，平常因為缺少勇氣被城市的人所訕笑而離城而去。過了一段時間後回到城市，就開始跟外人說一些大話，說在別的各城市中屢次英勇地競賽。在羅陀斯那個地方，曾跳得如此的遠，幾乎沒有一個奧林匹克選手所能及。他繼續說，假如下回到那城裡去，在那城市中在場的人可以作證。於是，當時在旁邊有一個人高喊道：「朋友！假如這是真的，你也不要什麼見證，因為這裡算是羅陀斯，你就跳好了！」

裏跳舞吧！」[57]審計部要擺脫政治打手，從此當個有牙齒的看門狗，那就用一種爲萬世開太平的制度確立的魄力給小民們看吧，審計部有甚麼本領，那就證明給草民們看吧?!

2006.08.06，荷蘭萊頓

[57]《資本論》中的這段原文是如此：「資產階級革命，例如十八世紀的革命，總是突飛猛進，接連不斷地取得勝利的；革命的戲劇效果一個勝似一個，人和事物好像是被五色繽紛的火光所照耀，每天都充滿著極樂狂歡；然而這種革命爲時短暫，很快就達到自己的頂點，而社會還未清醒地領略其疾風暴雨時期的成果之前，一直是沉溺於長期的酒醉狀態。相反地，像十九世紀的革命這樣的無產階級革命，則經常自己批評自己，往往在前進中停下腳步，返回到彷彿已經完成的事情上去，以便重新開始把這些事情再做一遍；它們十分無情地嘲笑自己的初次企圖的不徹底性、弱點和不適當的地方；它們把敵人打倒在地上，好像是只爲了要敵人從土地裡吸取新的力量，並且更加強壯地在它們前面挺立起來一樣；它們在自己無限宏偉的目標面前，再三往後退卻，一直到形成無路可退的情況爲止，那時生活本身會大聲喊道：這裏是羅陀斯，就在這裏跳躍吧！這裏有玫瑰花，就在這裏跳舞吧！」

10 千呼萬喚「駛」出來
看見高雄捷運

　　2006年年底，高雄捷運終於開放試乘，一路姍姍來遲、難產與引頸企盼多年的高雄捷運，終於在千呼萬喚下「駛」出來。話說，高雄捷運的命運打從紙上談兵、擘劃到實際打造，前後真可謂是歷盡千辛近三十年，高雄市民比起苦守寒

●千呼萬喚才「駛」出來的高雄捷運。但由紅橘兩線構成高捷，其交通易達性的欠缺，讓人對其前景深感憂心(著者攝)。

窯一十八的王寶釧，更有資格獲得「貞節牌坊」呢?!尤其，
面對過往諸高雄市長芭樂票的率爾戲弄，市民還耐得住性
子，其堅貞韌性眞足以睥睨寰宇、笑傲江湖哩。

◎高捷的難產

事實上，早在1970年代即有高雄捷運規劃的呼聲，
迨至1979年10月分，時任交通部長連阿斗戰，爲配合經
濟的十年經濟長期建設發展計畫，方提出北高都會區大
眾捷運系統之設置，並開始規劃高雄捷運[①]。此後，高雄
捷運紙上談兵，一路從官派王玉雲市長（1979.07-1981.06）、
楊金欉（1981.06-1982.04）、被李敖封爲最醜的男人許水德
（1982.04-1985.05），到1985年外號大頭成且被評爲好大喜功，
並從台南市長轉任空降高雄的蘇南成，高雄捷運仍繼續停留
規劃階段。然而，展現出阿莎力風格、獨樹一幟的大頭成市
長，在接任高雄市長時即曾信心滿滿地闡述其高雄捷運的構
想，並相當大膽且「前瞻性」地（不論BOT的功過和優缺點）提出
了類似今天「公辦民營」和BOT（build-operate-transfer，建造、營
運和轉移）的建造方式，並舉例說在高捷系統下設立收費站的
方式，將收費工作交給承建的民間及外資公司，給予經營年
限，如此市府將不花費一文錢，即可提供市民一個「行」的

---

① 〈配合十年經建長期發展計畫·交通部擬訂投資預算·總額達七千四百餘億〉，《經濟日
報》，1979.10.12，第一版。

便利的捷運系統云云[2]。

彼時，大頭成市長亦興致盎然地對外表示，將呈報行政院和經建會特准高市府向國外銀行及財團融資借貸，以進行高雄市捷運系統等。當年，身為工業都會的高雄市，蘇南成即不諱言地指出，中船跟中鋼附近的工業區，盡是摩托車通勤族，捷運交通市場大有可為[3]。蘇南成此言，相當前衛亦符合國際上捷運作為符合「大眾」之初衷原旨，不像台北第一條捷運——木柵線，是以圖利中產階級為主，而從金融區到動物園區，且至今北縣跟北市間殷需捷運孔急的尋常通勤上班族，仍然得鎮日地騎著風火輪，在白天黑夜中兩地來回奔馳，台北捷運的中產和布爾喬亞（資產階級）可見一斑。

直至1989年1月27日，高雄市政府工務局捷運系統專案小組把計畫結論送市長蘇南成批核，並提出高雄地區大眾捷運系統初步構想：全長約六十五公里，南北線由楠梓加工區到高坪特定區，東西線由西子灣到大寮，高雄市中心並有內環線一條，並北上向經建會進行簡報，爭取經費支持[4]。

然而，長期重北輕南，坐台北望天下的高官顯爵，根本對高雄捷運的打造興致缺缺，縱使當時行政院長李煥率各部會南下高雄作作關心高雄的樣子，但事後發現也都僅止於瞭解關心，離真正的付諸行動則有一大段距離[5]。縱使，1990

---

[2]〈蘇南成的「政府新經濟觀」〉，《經濟日報》，1985.05.24，第二版。

[3]〈運用民資建設·透過民間經營〉，《經濟日報》，1985.05.24，第二版。

[4]〈高雄捷運藍圖初定·全長約六十五公里〉，《經濟日報》，1989.01.28，第五版。

[5]〈九〇年代的重要經濟課題·修正頭重腳輕弊病·走向區域均衡發展〉，《經濟日報》，1990.01.02，第三版。

年2月14日國民黨中常會中，也曾促請行政院主管和黨員同志，應將高雄市有關捷運系統興建等攸關高雄未來建設的計畫，納入國家整體建設計畫之中，市長蘇南成也在會中作了：「昂首闊步邁向廿一世紀國際化大都會」的報告；但是作為吃屎長大的國民黨，依舊不著邊際地講些甚麼「應與各部會協調，納入國家整體計畫」等，並送請行政院從政主管同志研究辦理云云此種制式官腔，遂隨便打發掉高雄建設之需要⑥。

此時，台北都會區捷運系統84.7公里的初期路網造價，四千餘億元的規劃已經出爐，且準備進入實質建造階段；而同一時間，高雄都會區捷運77.7公里的第一期捷運路網，卻只需要1840億元，北高規劃預期經費的懸殊，曾經引起各界的討論重視，更讓北市捷運局顏面掛不住。此外，高雄市捷運局籌備處亦於1990年3月14日召開記者會，正式宣布將於十一年內，以一千八百四十億元，興建四條聯繫高雄縣、市的捷運路網，路網總長度為七十七點七公里，其中高架段十七點一公里、地下段六十點六公里；至於採行中運量或重運量型式則尚未決定，更有甚者，記者會上高雄市政府更宣布，高雄捷運將於1992年正式開工云云⑦。當然，事後看來，當年高市府捷運局籌備處的豪情宣稱，率皆成了鏡花水月的芭樂票。

---

⑥〈高雄捷運應納入國家整體建設〉，《經濟日報》，1990.02.15，第二版。

⑦〈差別在哪？84公里需四千億經費，77公里只要1800億？同樣捷運建設‧北高造價懸殊〉，
《聯合報》，1990.03.15，第十三版。

　　1990年6月，號稱「做事不當官」的小平頭市長吳敦
義，從大頭成手中接下高雄市長的棒子，開啓了爾後高雄在
吳敦義八年半的統治。吳敦義上任之初，由於高雄縣和屏
東縣均要求將捷運路線延展至高屏二縣境內，但深諳爲官之
道，處事八面玲瓏的吳敦義市長則出言強調，只要經費沒問
題，原則上他將同意捷運路線延展至高屏二縣的提議[8]。事
實上，在2006年年底高雄市長競選的造勢場合中，屏東縣長
跟高雄縣長亦再度一致呼籲必須讓陳菊當選，如此高高屏將
可以以捷運的展延作爲共榮的表現。由此可知，台灣地方行
政區域過於細分，本位主義扞格嚴重，交通網的規劃不以
全盤統整的視角加以實際考量規劃，卻每每以政治現實爲主
軸，某種程度上是對台灣交通建設的斲喪。

　　由於財源未到位，再加上吳敦義八面玲瓏的個性使然，
1991年3月16日，吳敦義即表示，高雄捷運工程得在財源沒
有問題情形下才會動工；再者，儘管時任台北市捷運局局長
齊寶錚在拜會吳敦義時亦曾向吳敦義建言說：「高雄市捷運
工程籌備工作，目前最重要的是要建立該工程爲緊急工程的
共識，高雄市體質比台北市好，馬路寬闊，人口也未到二百
萬，規劃興建捷運工程不能再拖，否則會面臨台北市交通
黑暗期的困擾。」齊局長亦進一步建議：「儘速成立捷運工
程局，並將捷運工程局組織編制一次完成編組，人員可分段

[8] 盧繼先，〈頂著小平頭‧打拚到高雄！吳敦義要做事不做官〉，《經濟日報》，
1990.10.21，第三十版。

進用,並在工程局下附設單獨的工程處,以避免將來隨著工程發展要不斷修改組織編制。」[9]但言者諄諄,聽者繼續藐藐,高雄捷運遇人不淑,導致爾後興建過程一拖再拖,眞可謂是歹命坎坷啊。

事實上,1990年高雄市政府捷運工程局籌備處成立,同年7月獲中央同意先行墊撥十億元,作爲高雄都會區大眾捷運系統,第一期發展計畫規劃及設計費。1991年1月25日,行政院正式核定紅、橘二條計畫路線,2月9日高雄市政府完成總顧問評選,由帝力凱撒國際公司爲主,與國內中華、中興、中鼎、亞新的顧問公司合作的顧問團獲得優先議價權,中央要求高雄捷運在1993年底以前必須施工。但由於,吳敦義對於中央要求捷運經費負擔,需比照台北市政府負擔至40%的經費,害怕財源不足因而對捷運動工始終抱持著遲疑不決的態度,拖宕了高雄捷運的進度[10]。根據當時的高雄市捷運局籌備處綜合規劃組組長林英斌指出,當年台北市歲入約八百億元,而高雄市只有二百億元,所以高雄市政府希望以等比例計算,只負擔捷運經費的一〇%(台北市與高雄市歲入比是四:一,台北市負擔捷運經費四成,則高雄市只須負擔一成),如果要高雄市比照台北市負擔四成經費,高雄市絕對負擔不起。就這樣,財源不足不動工,讓高雄捷運進程嚴重滯後。

1992年10月19日,吳敦義在答詢市議員黃昭順的質詢時

⑨〈高雄都會區捷運工程進度‧吳敦義表示由「錢」來決定〉,《經濟日報》,1991.03.17,第十四版。

⑩ 王樂群,〈高雄捷運點火待發〉,《經濟日報》,1991.01.26,第二十一版。

說：「財源問題是高雄捷運發包施工的最大障礙，中央一定要提高對高雄捷運的經費補助。」[11]然而，距離中央原本要求高雄捷運於1993年年底前動工的指示，吳敦義依然不動如山。此外，吳敦義於1993年11月28日當天「透過很直接的傳遞方式」，轉交一份報告書給李登輝請辭，更於12月3日中午落下驚天動地的男兒淚以放大媒體效果，始披露出敦義市長請辭的感人剴切和心路歷程[12]。

據報導披露，吳敦義上陳的報告書如下：「敦義自七十九年六月，奉提名並經高雄市議會之同意，出任高雄市長，三年半來兢兢業業，未敢懈怠，竭智盡忠，全力以赴，幸能獲得議會鼎力支持、同仁傾心配合，以及大多數市民之肯定與鼓勵，銘感五內。惟以市政龐雜，未盡週延妥善之處仍多，時感不安，尤其若干久懸未解之沉痾，如市港尚未合一，鐵路地下化進展遲緩，捷運補助比例數年未決，而政策早已確定之高雄大學設校案亦波折頻生，皆使敦義憂心如焚，枕蓆難安。近年以來，黨內先進輒以民選市長相期勉，敦義體察民情，深知為政之道首在除弊興利，倘若積弊不除，沉痾未解，則在職一日猶感愧疚一日，何敢奢言競選？耿耿此心，當邀明鑒，懇祈中央對高雄市政各項重大問題，迅速作成果斷明快之決定，必可一新耳目，大快人心。否則，即請另簡賢能，接手市政，准敦義暫卸仔肩，辭去現

---

⑪ 〈吳敦義籲中央提高捷運補助費〉，《經濟日報》，1992.10.20，第十九版。

⑫ 〈公開給李主席的報告・哽咽陳「辭」〉，《聯合報》，1993.12.04，第三版。

職。」[13]

　　當然，吳敦義的這一哭，有著多方的意涵在背後。當年仍在《聯合報》工作的親綠媒體人陳立宏，就曾在報紙發表一特稿，揣測吳敦義的落淚必含有某種收割的期待在其中[14]。淚灑高雄的吳敦義，有人說是為了覬覦1994年的省長競選，另一種說法則是指稱吳乃是以退為進的高招，一方面藉此促使黨中央全力助他推動地方建設，以爭取民心；另一方面則博取高雄市民的同情，向市議會施壓，降低議員杯葛的壓力。不過，哭是哭了，隔年吳敦義亦繼續代表國民黨競選1994年的高雄市長一職，並高票當選。吳敦義從官派高雄市長幹到民選高雄市長，高雄捷運啟動的春天尚未來臨，卻已呈現秋色景象。

　　職是之故，2006年年底，由民進黨陳菊出馬競選高雄市長意欲接替謝長廷的棒子時，高雄捷運試乘活動趕在選舉前起跑，讓高捷作為政績助選的意味亦就濃郁不去。同時，陳菊陣營在試乘活動中，更意有所指地影射黃俊英身為吳敦義市長年代的副市長，但：「高捷從蘇大頭成市長時代規劃籌備，尚未動工。吳敦義時代，核定經費，卻不推動，並被行政院數次以公文催促，拖滿了吳敦義高雄市長任期八年半。」[15]當然，高捷功勞花落吳敦義抑或謝長廷誰家，早在

[13]〈公開給李主席的報告‧哽咽陳「辭」〉，《聯合報》，1993.12.04，第三版。
[14]陳立宏，〔焦點評論〕，〈流淚播種‧必歡呼收割？〉，《聯合晚報》，1993.12.04，第二版。
[15]〈菊營批黃俊英會做人‧聘馬英九姊夫領高薪〉，台海網，2006.11.30訊。

謝長廷深受高捷「泰勞抗暴」案發生後，並導致謝氏在2006年年初從行政院長一職辭卸時，便曾與吳敦義有過口水之爭。

由於，一方面高雄捷運乃是採取BOT方式進行，另一方面高捷的動工則是在謝長廷擔任市長任內，並於2001年10月30日，由交通部核定高捷紅橘二線初期路網建設開工日期；但由於高捷BOT早已沾惹上藍綠攻防鬥爭，導致就事論事討論BOT在台灣引發的相關問題成為不可能。再加上高捷BOT模式乃是由民間興建，但政府卻出資高達八成的現實，讓謝長廷市長被質疑有圖利他人之嫌。外界的流言蜚語，氣得謝長廷在擔任行政院院長一職並接受立法委員質詢時出示當年公文，而跟時任立委的前高雄市長吳敦義槓上。謝長廷並以公文內容當成證據指出，BOT決策乃是在吳敦義卸任市長前早已作成。

事實上，早在吳敦義在1993年年底的一哭，即有媒體報導說吳的四滴眼淚乃：「市、港合一計畫受挫、鐵路地下化進度遲緩、捷運經費沒有著落及設立高雄大學一波三折。」[16]等重要建設障礙難以突破，至最後吳敦義八年半高雄市長任內，幾乎無一落實的前提下，讓許多高雄市民開始以「白賊義仔」稱呼吳敦義前市長。由此觀之，1998年吳敦義市長寶座被謝長廷搶走，與其說是選前「偷情錄音帶」的

---

[16] 〈市港難合一‧地下鐵進度慢‧捷運無經費‧高雄大學有得拖：吳敦義的四滴眼淚〉，《經濟日報》，1993.12.05，第四版。

變造風波所致，倒不如說是吳敦義在高雄執掌市長八年半的機會，幾乎難以說出令市民印象深刻的建樹，才是吳敦義落敗的主因。

◎題外一話「白賊義」

不過，對於1998年高雄市長選舉敗給謝長廷的吳敦義的發展，倒是值得記上一筆。當年，吳敦義黯然離開高雄市之後，最後只留給高雄市民一個「白賊義」的暱稱記憶。儘管，吳敦義對外澄清「白賊義」的名號，乃是由跑路中國並在中國作古的高雄市老市長王玉雲給予，並語中帶刺地指出：「那個最誤會我的，已經不在了，八○年代掏空銀行八、九百億元，創出這個名詞的，那是私人恩怨，但日久見人心，走了，他真的走了，我也不再懷恨在心。」[17] 明瞭高雄市地方政治之人，或許可以聽出吳敦義這段話講述的，乃是1994年的首次直轄市市長民選選戰結果，吳敦義大贏張俊雄十萬多票，輔選有功的王玉雲便希冀其長子王志雄，能夠擔任吳敦義的副市長一職，更曾勞駕李登輝出面請吳敦義多多「牽教」晚輩王志雄。結果，據說吳敦義依舊沒肯讓王志雄擔任高雄市的第二把手，導致王玉雲對吳敦義深感不爽而懷恨結怨，並給予「白賊義」的封號[18]。

---

⑰〈遭外界稱「白賊義」／吳暗批：王玉雲創的名詞〉，《自由時報》，2009.09.19。
⑱ 張郎，〈吳敦義的挫敗與委屈？〉，NOWnews，2009.11.11，http://www.nownews.com/2009/11/11/301-2531488.htm。

不論如何，「白賊義」的起源或許是王玉雲與吳敦義的私人恩怨，但吳敦義於1998年落選離開高雄市之後，高雄市市民對於「白賊義」的意涵連結，卻多是指涉吳敦義在高雄市長任內，幾乎不曾兌現其對市民所開具的大型政見支票。爾後，吳敦義回到故鄉南投，重新以立委作爲東山再起的跳板；果眞，在2009年的八七風災加上八八馬災，活埋壓垮了「馬騜」麾下的劉兆玄內閣，並讓覬覦總理大位許久的吳敦義如願以償。

然而，爭議性強的吳敦義，在接掌內閣之初隨即引發「香港算命行」風暴。據載，2009年9月3日與4日，馬英九兩度接見吳敦義，並屬意由其接任劉兆玄去職之後的行政院院長一職，詎料，吳敦義卻於9月5日密訪香港一日遊，時機與地點的雙重敏感，引發外界議論質疑。

事後，吳敦義在報刊爆料後所引發的香江一日遊風暴，不僅愈描愈黑，外界每多爆料一點，吳敦義就多吐露一點，宛如擠牙膏一般。吳敦義對外的說詞理由，從向中共在港地下黨員的香港特首後備隊長梁振英，考察諮詢30多年前的香港土石流防範，到跟香港區的中共全國政協郭炎相會等等。此外，根據香港媒體爆料指稱，擔任「中信資源控股公司」的郭炎，與中共前特務頭子孔原過從甚密，甚至在2008年8月便將中信資源主席一職交予孔原兒子孔丹。外界一系列的爆料，讓吳敦義前後不一的說詞再度破功，讓人瞭解「白賊義」之雅號，果眞不是浪得虛名。

比較有意思的是，此一「白賊義機加酒（機票加酒店住宿）

香港自由行」事件中，中共與香港方面並沒有出面幫吳敦義圓謊或套招幫腔，只是一味地冷眼旁觀，實是啓人疑竇。此外，郭炎任職的「中信控股」的主要業務爲中國及澳洲的金屬、煤炭及原油開發等生意，在全球能源戰略考量之下，「中信控股」似乎是中國政府在海外的白手套。近年，美國與澳洲政府紛紛以國安理由，否決中國煤礦業或石油公司企圖收購其國內公司，令人高度懷疑母公司位於北京的「中信控股」，其可能是一間以民間商業公司爲名，但暗地裡卻執行中國國家能源戰略的「特殊公司」。

總之，原本一件再簡單不過的「機加酒」香江自由行，在吳敦義把民衆當成白癡糊弄之下，讓「白賊」雪球越滾越大，而益發讓人懷疑箇中內情蹊蹺。姑不論，吳敦義擔任閣揆前夕的「機加酒香江自由行」背後見不得光的實情爲何，吳敦義最後對外宣稱其乃是到香港尋找鐵板名神算陳康泰相命，並在高雄出身的國民黨立委侯彩鳳一席：「高雄人都知吳敦義愛算命。」[19] 以爲間接背書之下，企圖讓「機加酒香江自由行」事件以「算命行」爲最終定版，但「白賊義」或許怎麼算也沒算到，才剛坐上院長寶座不到一個禮拜，即被外界叮到滿頭包。

然而，人算不如天算，與其信命算命，不如創命。就算吳敦義擔任閣揆前的匆忙一日香江算命行，乃爲實情，則吳敦義的香江算命劇情，倒是與後來在中國國民黨史觀中被

---

⑲〈侯彩鳳：高雄人都知吳敦義愛算命〉，《聯合報》，2009.09.18。

稱之為「漢奸」的周佛海「算命算成漢奸」的故事，若合符節，煞是有趣。希望，吳敦義不會因為算命而算成「台奸」哩。

話說，1940年，在中國對日抗戰之時，汪精衛跟日本簽訂「日支新關係調整要綱」，並由前日本首相犬養毅的第二個兒子犬養健（有一說是第三個兒子）攜回東京。沒多久，1940年3月20日，汪精衛遂在日本的協助之下，在南京組建中華民國中央政府汪精衛政權。時任中國國民黨宣稱的，汪精衛「偽政府」的行政院副院長和財政部長的周佛海，即是那位算命算成所謂「漢奸」的主角。

早年，中國有骨氣的報人相當稀少，幾乎是文化流氓的偽裝，成舍我，以及創辦《救國日報》的龔德柏，算是少數有辦報堅持的報人。龔德柏，號稱「大砲」，一隻筆罵盡骯髒事，也因此得罪不少人。自始至終堅持反共的報人龔德柏，跑到台灣之後，隨即被蔣介石囚禁七年始放出，並給予國代一職。根據龔德柏所言，周佛海榮獲「漢奸」之名，一切起於其愛算命又信命的性格使然[20]。

據說，周佛海相當迷信算命，早年曾有算命仙告訴周佛海，其有財政部長的命格，因此，周氏本人一直念念不忘此一財政部長的「天命」。但由於周氏本人，在蔣介石的國民政府之中實屬資淺以及年紀輕之一輩，擔任財政部長一職可

---

[20] 龔德柏，《愚人愚話》，台北市：傳記文學出版，1969；龔德柏，《也是愚話》，台北市：傳記文學出版，1969。

說是「阿婆仔生子，真拚」。於是，為了一圓算命仙所斷言的財政部長的美夢天命，遂投效汪精衛陣營之中，果真應驗了算命仙所斷言的財政部長的「天命」。

後來，根據穿梭於汪精衛政府周遭的，日本政客與小說家犬養健的《長江還在流著》一書所載，周氏本人，在南京竟又偶遇一名相士，掐指一算算出周氏只有五年的好光景，過此之後便將落得慘運加身。果真，周佛海在日本投降前夕，深感前途不妙，便與蔣介石暗通款曲。日本投降之後，周佛海曾被蔣介石任命為「軍事委員會京滬杭行動總指揮」，負責維護京滬一帶的治安和秩序，並等待從重慶遠道而來的國民黨軍隊的進駐接收。爾後，在戰後的「漢奸」清算審判中，輿論不斷抨擊施壓，周佛海隨即被國民黨政府逮捕並判處死刑，後獲特赦，改判無期徒刑。但是，周佛海因先前的死刑判決，早已駭出心臟病，並在獄中多次發作。終於，在228事件一週年的日子中——1948年2月28日，周氏於南京獄中掛點趕赴蘇州賣鴨蛋。周佛海得年五十又一。

事後觀之，周佛海兩次的算命，果真如同「自我實現的預言」（self-fulfilling prophecies）一般，「漢奸」身分也就據此實現和打造（making）出來，並為往後的悲劇性下場埋下必然的因果對應。誠如侯彩鳳所言，吳敦義愛好算命，那麼匆忙遠赴香江尋求鐵板神算迷津指點的吳敦義，以及一直陪同身旁的敏感人士郭炎，是否會讓「白賊義」算命算成「台奸」的戲碼劇情上演，倒是頗令喜愛算命的吳敦義，引周佛海「算命算成漢奸」的故事為戒呢。

　　事實上，根據台灣民間流傳頗廣的《了凡四訓》此書的提點，命雖有定數，但是，只要吾人廣積福德，依舊可創命與造命。明朝袁了凡曾遇算命術士孔先生，斷了袁了凡一生的命數，果然一切都按此位孔先生所斷行進發展。然而，後來迨至袁了凡遇見雲谷禪師的一席話，方知「命由己作，相由心生」。於是，身在公門的袁了凡，減稅減糧，造福尋常百姓，讓袁了凡即使被孔先生斷出命中無後一事，最終都喜獲麟兒。因此，勸誡吳敦義，常云道：「身在公門好修行。」積善抑或種惡，端看對於百姓社稷福祉有無掛念；否則，再怎麼算，縱使「白賊義」命中注定當「特首」，都會因福德不足而翻船的。希望，以此「漢奸」周佛海的故事，提點「台奸」要打造，其實也非那麼困難的啊。

◎高雄捷運：只聞樓梯響，不見人下來

　　儘管高雄捷運興建的規劃跟風聲早就傳出，但是沒有擔當和肩膀的首長，優先顧慮的通常是不沾鍋，而不論建設究竟對市民是好是壞，對城市長遠發展是優或劣。當年，為了覬覦高雄捷運的打造，早在1988年就有建設公司祥發建設公司，在高雄市博愛路推出號稱「企業五○○」的十六層純辦公大樓，強調距離高雄捷運總站僅十公尺，交通便利易達性高的特性[21]。

---

[21]〈祥發推出純辦公大樓〉，《經濟日報》，1988.05.16，第十二版。

　　由於，高雄地區在1960年代被當成國際加工出口基地，並接連設立了高雄和楠梓加工出口區之後，高雄作爲工業都會的基樁已經打下。爾後，1970年代的高雄，更在台灣經濟受到國際兩次石油危機的侵擾下，改以基建和重化工業等深化台灣工業基礎，作爲十大建設之主要內容時，讓高雄再度轉變成重化工業，如中鋼、中船、煉油和石化等等重工業的基地場址。於是，高雄以工業都會的姿態吸納著大量外來就業的人口，讓1940年代到1980年代的高雄市人口成長了十倍——從13萬到130萬之譜作爲表現。

　　邁入1980年代之後，台灣面對東南亞和中國等新興釋放出廉價勞力國家的下壓式競爭，台灣資本從傳統製造業紛紛轉向資訊電子產業，或者務虛不務實的投機型事業：譬如，地上化的炒地皮和股票，地下化的大家樂、六合彩等等。於是，1980年代的高雄，房地產開始狂飆。新興土地財團鑑於高雄市區土地面積有限，於是紛紛希冀能隨著高雄捷運的貫通，擴大高雄都會區的幅員面積，讓郊區仁武、大寮等地，亦能被捷運線串進高雄都會區中而海撈一票。

　　儘管，後來高雄捷運遲遲未見落實，但是高雄自從1980年代以來的，以製造業爲主的成長引擎逐漸放緩腳步甚至熄火之後，便由炒地皮的紅火吹起泡沫式的榮景假象，同時這一泡沫，在1990年代高雄港傳出成爲三通主要港口之後，更讓高雄市區的拔尖超高大樓，一棟接著一棟地萬丈高樓平地起。

　　台灣前十高樓中，即有五棟在高雄市境內，分別是：

No.2──高雄東帝士八五摩天大樓，俗稱「八五大樓」，樓高八十五層，高度三四八公尺，排名也在世界前十高樓之列，是高雄地標；No.4──高雄長谷世貿大樓，俗稱「長谷五十層大樓」，樓高五十層，高度二二二公尺，居高雄第二超高大樓建築；No.6──高雄漢來飯店，樓高四十五層，高度一八〇公尺，地下三樓至地上八樓規畫為漢神百貨公司，業績排名高雄市百貨

●圖左是「85東帝士大樓」，圖右則是前立委林宏宗的「亞太財經大樓」(著者攝)。

公司第一；No.8──高雄亞太財經廣場，樓高四十二層，高度一七〇公尺，高度雖然很高，但是因為與八五大樓近在咫尺，以至遠觀並不特別起眼；No.10──高雄寒軒國際大飯店，舊名「霖園大飯店」，樓高四十一層，高度一六〇公尺，位於高雄市政府對面，常可見市府官員出入宴飲酬酢。

　　但高雄的衰退，只消從此些蜿蜒港區或矗立市區，且名列台灣十大高樓的業主下場，即可知一二。東帝士八五摩天的陳由豪早已落跑在外，甚且跟紅衫軍頭目施明德在泰國互通款曲；東帝士旁邊的42層的宏總亞太財經大樓的前立委林

●國揚建設侯西峰的漢神百貨大樓(著者攝)。

宏宗，企業本體跟名聲亦早已不復當年。此外，同樣位於港區旁成功路的高雄漢來飯店，乃國揚建設侯西峰所有，在國揚跳票事件後，搞到侯西峰消沈到差點從自家大樓跳樓自殺，經過近年的臥薪嘗膽之後，國揚積欠銀行的債務已逐漸清償中。至於，位於十全路底果菜市場旁的長谷五十層，乃高雄第二大超高大樓，當年起高樓的長谷集團總裁鍾正光，目前則滯留上海低調度日。

於是，在1990年代初期，高雄這些超高大樓起造的新聞，讓高雄被稱之為「台灣新屋脊」，再加上高雄捷運亟欲興建的消息，讓高雄發展看似一片情勢大好[22]。但歷史總以事後的姿態，嘲笑著過往的不實想望，而不幸的是，高雄卻是這當中被歷史「唱衰」最厲害的一個地方。記得1992年6月，經濟部長蕭萬長南下高雄演講時大膽地預言：「廿一

----

[22] 王樂群，〈高雄市將成為台灣新屋脊〉，《經濟日報》，1991.05.12，第二十一版。

世紀開始之後，台北仍是台灣的行政中心，而高雄將發展成為台灣的經濟重心。」在此樂觀預測下，時任市長的吳敦義也打比喻說：「台北是台灣的腦部，高雄則是台灣的心臟。」[23]同時，兩人一搭一唱地說道，只消高雄都會區捷運、大林蒲填海造陸南星計畫、高速鐵路、大坪頂新市鎮、橋頭新市鎮、內惟埤文化園區、都會公園及綜合大學、凹仔底副都中心等八大建設逐步落實，則高雄將躋身國際大都會之林云云。14年後的今天看來，吳蕭兩人唬濫不打草稿就算了，縱使早已落實兌現的，所發揮的功效也跟原本預期存有相當的落差。

　　但是，高雄市的商圈競爭跟轉移還等不及高雄捷運的誕生，早就經過多次的流變轉換。由於，三多商圈有規劃有高雄捷運的通行，且有超高摩天樓、辦公大樓等十幾萬坪辦公室之進駐，於是搶奪五福中山路口的傳統大統商圈的廝殺即將展開。1992年8月8日，宏總百貨搶在太平洋崇光、新光三越百貨前開幕，讓三多商圈漸次形成[24]。但是，可笑的是，宏總百貨等不及2006年高捷的通車，早就在多年前掛點倒閉。至於，1995年大統商圈的龍頭——大統百貨，亦毀於一場大火之中而歇業，只剩原址建物供人憑弔。儘管，高雄市商圈已經多番變化，原本期待高捷的通車，可以帶來市區商

㉓〈國際都會篇・高雄未來發展專題報導・高雄正朝國際級大都會邁進〉，《經濟日報》1992.07.19，第八版。
㉔〈港都宏總百貨開張引來人潮・遠東愛買將易名「三多商圈」〉，《經濟日報》，1992.08.09，第八版。

圈倚靠沿路主要捷運出口人潮作爲發展動力，但萬萬想不到的是，商圈的轉移和各商圈的起落並非來自高捷的牽引，而是在高雄經濟起伏衰落中，自然轉移和淘汰。遲到的高捷，究竟還能替已經大致底定的高雄商圈帶來何種變貌影響，利用捷運動線引領高雄市區的住商區隔和平衡發展，是不容樂觀的。因此，期待遲到的高雄捷運及其出口，可以扮演類似香港捷運一般，來引導商圈的形成與住商區位的區隔。而成爲市民生活動脈的期待，短期內可能難以實現。

◎美國顧問在高捷

2006年年底，當高雄市長選戰煙硝方熾之時，陳菊競選總部於11月底召開「還原黃俊英」系列記者會，質疑黃俊英擔任高雄市副市長時，很「會做人」，特聘馬英九姊夫馮丹龢（馬以南的先生）爲捷運顧問，負責監督「帝力凱撒」顧問公司規劃捷運案，月領十八萬三千元，總共耗費高市納稅人384萬3千元，馮丹龢不僅可以核銷國際機票、國內交通費及保險費等，其所監督的「帝力凱撒」規劃捷運案兩期工程共15.7億元[25]，同時規劃的傳統發包案亦遭市議會否決，讓捷運工程顧問做了像山一樣高的報告成了一堆廢紙，15點7億元公帑人間蒸發，而捷運卻依舊不見人影遲遲無法動工[26]。高雄市議會更於2006年1月23日提案：「建請議會成立，前

---

[25] 〈菊批黃會做人・浪費公帑〉，《自由時報》，2006.11.30。

吳敦義市長涉嫌圖利『帝力凱撒』國際公司，不當取得高雄捷運總顧問標之專案調查小組。」㉗

　　美國人利用台灣國際弱勢位置，賺取台灣凱子金錢之事多所有之。事實上，姑不論美國顧問團跟蔣介石尚未落跑來台時的合作歷史，端就落跑來台後，西方公司、懷特公司（J. G. White）分別在美援期間（1950-1965），以棲身於美國軍事顧問團和CIA旗下和美援會轄下，更是美國人顧問在台灣過往常見的身影。翁台生著的《CIA在台活動秘辛──西方公司的故事》㉘，即翔實描述美國西方公司在台包攬的軍事相關活動：譬如，1955年大陳島撤退的提出規劃和安排，西方公司扮演不可或缺的角色。至於懷特公司，則是以工程顧問身分介入規劃許多大型工程項目，甚且包含台灣早期四年一期的經濟規劃的擘建。民間學者林炳炎《保衛大台灣的美援（1949-1957）》㉙一書，即對主流將早年台灣經濟奇蹟的功勞，歸之於尹仲容、李國鼎等等美援會出身的技術官僚相當不以為然，並指出當年懷特公司的總工程師狄卜賽（V. S. de Beausset），對於台灣許多成功的經建擘劃，實是居功厥偉。

㉖〈在美30年曾參與紐約捷運‧黃營：謝任內也聘馮丹蘇為顧問(2-1)〉，《中國時報》，2006.11.30，第A7版；〈在美30年曾參與紐約捷運‧黃營：謝任內也聘馮丹蘇為顧問(2-2)〉，《中國時報》，2006.11.30，第A7版，168；〈任高捷顧問‧15.7億規畫案變廢紙‧菊營批黃會做人‧聘馬姊夫領高薪〉，《中國時報》，2006.11.30，第A7版。

㉗第六屆第二十一次臨時會議員臨時提案：「建請議會成立，前吳敦義市長涉嫌圖利『帝力凱撒』國際公司，不當取得高雄捷運顧問標之專案調查小組。」提案人：俄鄧‧殷艾。

㉘參閱翁台生，《CIA在台活動秘辛──西方公司的故事》，台北：聯經出版，1991。

㉙參閱林炳炎，《保衛大台灣的美援(1949-1957)》，林炳炎個人出版，三民書局總經銷，2004。

美國顧問公司介入台灣經濟活動從事逐利賺錢，實是有著歷史的脈絡可循。

　　事實上，高雄捷運打從1979年開始被政府，當成十年經建計畫的交通計畫一環時，美國一直向台灣施壓高捷系統等多項重大工程建設，需優先採購美國機具，以平衡台美貿易逆差[30]。此時美國一直利用貿易301威嚇台灣。雷根在1980年就任美國總統時，服膺供給面經濟學（supply side economics），認為單方面的開放市場而不論對方有無開放市場，市場將達到最大經濟效益。但是，四年過後，迨至第二任任期即將開始之際，雷根及其經貿智囊發現，貿易與預算雙赤字的問題，依舊無法在此種單方面開放市場的真正自由貿易下達致解決，於是更弦易幟，搞起全球供給面經濟學（global supply side economics），要求市場保護的國家必須進行同等的市場開放。美國政府施壓的利器即是美國慣用的雙邊貿易談判與「公平貿易」（fair trade）之措辭[31]。

　　至此，台灣市場開放與否問題，屢屢成為美國關注之焦點，「公平貿易」逐被轉譯成「先有公平的市場環境，才有自由市場競爭之可能」。在美國的「公平貿易」大纛下，1980年代的台灣，市場自由化步伐開始加劇，招致今天台灣貿易體質和產業體質的改變。而此種「公平貿易」的內涵，到了國際非政府組織（NGOs, non-governmental organizations），開始

[30]〈華府對我重大工程建設，要求優先採購美國機具〉，《聯合報》，1987.03.11，第一版。
[31] 美國利用「不公平貿易」對台灣的施壓，可參閱陳奕齊，《國際「藍色條款」的政治經濟分析》，台北：政大勞工所碩士論文，1998。

將焦點放在生產鍊上的品牌公司、製造供應商,與實際生產線上的工人的分配比率斤斤計較後,並據此發動公平貿易的運動,公平貿易的內涵方才得以跟1970年代依賴理論中,提出的第三世界國家農業產品,與第一世界國家工業產業間的「不等價交換」可以嫁接扣連。至此,公平貿易,才有作為掃除市場競爭壁壘馬前卒之外的進步意義。

話說回來,美國顧問公司介入台灣捷運一事,早在1985年3月,行政院經建會即以新台幣2000萬跟美國三家美國顧問公司:丹尼爾顧問公司(DMJM)、德魯卡特國際公司(DCIL)以及技術研究及分析公司簽訂合約,由美方派遣十二名專家來台協助檢討,以及研究大台北市高運量與中運量捷運系統合併有關事宜[32]。

之後,由台北市政府捷運局自行規劃的土城延伸線,在1990年底完成基本設計,並於1991年進入細部設計作業並發包施工,而北市府捷運局洋洋得意的是,此一土城延伸線據說是擺脫美國顧問自行規劃完成的[33]。1990年8月,亦曾傳出台灣包商對於美國捷運顧問不滿的心聲,認為捷運工程建材使用本是見仁見智,但美國顧問胳膊往內彎,在建材規格設計上對美國產品有所偏好,而不願就地取材的新聞[34]。

---

[32]〈高運量與中運量捷運系統同時進行符合經濟原則嗎?經建會將委託美國專家前來展開研究〉,《聯合報》,1985.03.05,第七版。

[33]〈不需美國顧問「答題」.土城延伸線「自力更生」.年底完成基本設計〉,《聯合報》,1990.01.13,第十三版。

[34]〈美國顧問胳膊往內彎?捷運建材偏愛美國貨.價錢貴得嚇人〉,《聯合報》,1990.08.22,第十四版。

由於，作為台北市捷運局的美國總顧問（ATC），在1990年11月6日受到市議員林瑞圖針對捷運顧問設計疏失、資格，及私人操守等相關問題的質詢下，要求美籍顧問至議會報告備詢，由於此一質詢需經由翻譯，讓台北市議會議場上形成雞同鴨講，會中亟欲一展英文實力的楊實秋，賣力的用英文唸完其質詢後，美國顧問卻搖頭表示「聽沒」楊議員的英文，惹得哄堂大笑[35]。

然而，1991年北市議會對於台北市捷運局成立以來，其所花費四百多億的支出審查中，發現當中花費大多幾乎是用於聘請國內外顧問、用地規劃，及人事支出等，各工程標發包預算數並不多。從中可知，美籍顧問端就台北捷運一工程即削翻了。然而，更離譜的是，原以為台北捷運美國總顧問費用，將隨著進入捷運實際工程施作階段，而在1991年簽訂第三期合約中大幅降低，但美國顧問公司卻一再要求台北市捷運局，調高該公司所聘華籍顧問的薪水，並據稱已達成協議，將顧問薪水調高百分之卅。這項調幅遠超過二年來國內公私營單位的薪資調整幅度，也勢必使得捷運第三期總顧問費超過廿億元。對於此，台北市主計處認為，這是因為捷運局推動技術移轉方向有所偏差，才導致今日顧問公司居上風，讓捷運局落至對方予取予求的情形。同時主計處亦指出，總顧問公司此種要價屬世界第一流，但是美國顧問公司派駐捷運局的顧問素質卻參差不齊，而備受爭議。

---

[35] 〈洋顧問答詢，笑話一籮筐〉，《聯合報》，1990.11.07，第十三版。

　　北市捷運局內部員工亦指出，第三期顧問合約中，對於實際執行施工的各工程處都聘用「管理顧問」而非「技術顧問」，有些監督地下隧道工程的顧問甚至沒做過捷運；局本部有些單位業務都已大幅縮減，卻仍留一、二個顧問「擺著好看」，而這些顧問，捷運局每個月要支付他們每人每月五十萬至六十萬元的費用。可見台灣當凱子，遠非一、兩天[36]。儘管，後來台北市議會也曾提出，莫斯科的地下鐵品質佳、造價低，建議台北市捷運局考慮聘請蘇聯有關此方面的人才，擔任捷運工程顧問，以節省龐大公帑之浪費。但最後仍是不了了之[37]。

　　但對於台北市捷運興建過程中的風風雨雨，以及美國總顧問公司耗費四百多億台幣的鉅額顧問費及設計費一事，曾任台北老市長的高玉樹即曾在1992年6月4日，在《聯合報》投書中表示：「儘管台北捷運系統工程單價超出韓國、香港、新加坡甚多，但有關美國顧問工程公司鉅額顧問費及設計費（台幣四百多億合美金十六億元之鉅），筆者（高玉樹本人）去年（1991）十一月在紐約一次餐會上偶然與美國柏遜公司，即我們的捷運系統顧問公司董事長同席。筆者當面質問為何台北捷運系統建設如此鉅額顧問工程費？他以冤枉口氣回答：『大部分是你們六家「中國人」外包的顧問工程公司拿去。』這六家是為安置經濟部退休人員的中興、中鼎、交通

[36]〈予取予求？人數少了，薪水大幅調高三成‧捷運第三期顧問費，將逾廿億〉，《聯合報》，1991.03.11，第十四版。
[37]〈莫斯科地鐵美而廉‧議會建議聘蘇聯顧問〉，《聯合報》，1991.07.22，第十三版。

部附設的中華顧問公司，以及台電的泰興、亞新和林同棪顧問工程公司。相當於此六家顧問工程公司利用美國招牌，承擔台北捷運系統工程有關技術顧問事項。也可說事實上顧問工作是由這六家擔當的，本來是我們自己就可做的。據說每個幹部人員待遇都非常優厚[38]。」

高玉樹此一說法，讓人看見屬於國民黨的黨營事業——中興電工與中鼎工程，對台灣納稅人上下其手的一個例子。面對此種吃屎、吃銅、吃鐵的國民黨，到底該怎麼面對看待呢？從這些歷史可知，貪汙遠非個別的，而是集體與制度的產物。

1994年年初，台北市政府捷運局對外表示，不止捷運淡水線隧道寬度不足，興建中的南港線、新店線、板橋線等所有隧道都有同樣問題，使得該局不得不將所有隧道內的安全步道都縮減爲五十五公分，並向仲裁協會提出仲裁，並要求造成該項錯誤的美國總顧問公司賠償[39]。如此看來，美國顧問的設計並非品質的保證。當然，果若前述高玉樹之言爲眞，這種出問題的設計，責任究竟是美籍總顧問公司還是國民黨的工程顧問公司呢？但從中可以知曉，國民黨坑殺台灣人民稅金眞是一點都不手軟。

---

[38] 高玉樹，〈台北捷運工程・世界罕見大浪費建設〉，《聯合報》，1992.06.04，第六版。
[39] 〈隧道逃生道縮水・捷局索賠〉，《聯合報》，1994.01.31，第十三版。

◎泰勞抗暴與潛水伕

　　高雄捷運岡山泰勞抗暴事件，在2005年8月21日深夜發生。起因乃於，泰勞對於生活管理與勞動條件的不人道所致的抗爭。而當中的華磐仲介公司的剝削情事，意外扯到臭名遠播的陳哲男，此一外傳擔任阿扁黑手套的前總統府副秘書長，並連帶波及高雄市長謝長廷與陳水扁。

　　不幸的是，由於泰勞抗暴事件被嫁接到藍綠鬥爭的戲碼中，「外勞」在台灣的人權和勞動權利相關問題，亦就被轉移到政治鬥爭的場域中，而沒有作為一次改善台灣外勞人權的總契機。

　　至於，在台北興建捷運時，新店線捷運CH211標隧道工程施工期間，由於工程設計的疏失導致捷運工人罹病，終生無法治癒。當時的捷運局採用低成本、縮工時的新奧工法（為防止地下水湧入施工地點，而將加壓的空氣壓到坑道的施工方式），讓工作人員處於異常氣壓的環境。進行工程的資方並未告知工人這種工法的安全性與危險性，也沒有按照規定的加壓減壓程序讓施工人員進出坑道，導致二十三名捷運工人得到潛水伕症，面臨一輩子的病痛纏身。此批職災工人則集結抗爭，讓潛水伕症這樣的職業災害得以受到社會注目。導演倪世傑與鄭怡雯以官方不管、資方鴨霸、勞方被壓迫為主題，拍攝此部工運影片，一舉獲得1998年金穗獎的優等錄影帶獎。

　　潛水伕病（減壓病, Decompression Sickness, DCS）的發生原因

爲：潛水超過十公尺深度以上或於加壓達2ATA（絕對大氣壓）的室內工作超過五十分鐘，於潛水完畢或高壓室內工作後，因減壓不當造成殘留在關節或身體組織中的惰性氣體如氮氣（或氫氣），無法隨血液循環送出體外而形成氣泡，造成身體的不適應或急性障礙，稱爲減壓病、潛水伕病或沉箱症（Caisson Disease）。據說，爲了紀念這一些因捷運而罹患職業病的故事，在板橋江子翠站三號出口旁設有「潛水伕症勞工紀念碑」，捷運台電大樓站也立有相似的紀念碑。

　　儘管，上述倪、鄭二導演拍攝的影帶是以本勞爲主，但據說許多外勞根本不知身染此病，且許多外勞早已回國，因此求償無門。台灣在興建捷運過程中，縱有許多慘痛的教訓和經驗，「外勞」絕對是以第一線的肉身之軀，替咱社會承受著這些苦難教訓。人權立國的台灣，從高捷跟北捷打造過程中的勞動使用方式看來，眞是無比汗顏。

◎看見香港地鐵

　　香港地鐵打從1979年第一條線開通以來，至今已將近30個年頭，分別有觀塘線、荃灣線、港島線、將軍澳線、東涌線、機場快線等線路，將香港主要的商圈住宅地點都串成一塊。香港地鐵首次通車之時，剛好是台北跟高雄捷運在十年經建計畫下被提出之際。晚了香港地鐵快二十年才通車的台北捷運，對比起香港地鐵，設計依舊有許多落後之處。香港作爲國際都會，必須體貼外來觀光客，因此每條線路的交

● 荷蘭阿姆斯特丹的地面電車相當便捷(著者攝)。

● 從市集穿梭而過的荷蘭海牙地面電車(著者攝)。

接皆有兩個轉乘站，因此，轉乘的乘客只消選擇路線方向並走到月台的另一邊即可進行轉乘。此種體貼的轉乘方式，根本是台北捷運那種上上下下兜了好幾個圈的轉乘方式無可比擬。至於，H型路網的台北捷運，對比於國際上蜘蛛網狀的捷運路線網，至今仍令人摸不著頭緒，為何台北捷運如此規劃實是不得而知。

至於，香港赤鱲角機場比起桃園機場第二航廈，同樣亦是比較晚規劃但卻提早在1998年落成啓用。啓用之後，香港機場快鐵直通市中心，但桃園機場到台北的捷運卻依然還在紙上談兵的規劃階段。香港的都會感跟捷運的誕生有著絕對的相關。根據所謂「國學大師」錢穆的說法，廣義的「文明」可以由當中區分出器物、制度與文化三個層次，並從中找出連帶關係。台北捷運通車之後，以器物、制度、文化作為文明的表現，捷運班車的可預期，解決了無法預期的公車讓乘客得爭先恐後上車的現象。捷運也帶來了香港人穿著的時尚化，畢竟捷運車廂上不必像騎乘摩托車和等候公車一般，時時得提防天候與塞車所可能帶來的狼狽，讓台北的穿著打扮文化也逐漸受到捷運而改變。捷運作為物質文明的器物與制度表現，正型塑著屬於都會的文化。

至於，高雄捷運，由於初期只有紅線跟橘線兩條交叉的十字路線，幅員不廣、易達性不寬的情形下，是否有辦法讓捷運取代機車族，是相當有疑義的。尤其，高雄捷運前後拖磨了二十多年，機車文化早已更深入市民之間，希冀用捷運取代機車族有一定的困難度。此外，高雄市區流動人口沒有

台北如此密集，且停車問題未如台北這般棘手，全年度陽光普照的天候，也不像陰雨霏霏的台北，因此，易達性不足的高雄捷運能否取代機車族或汽車族，更令人不容樂觀看待。復次，高雄的就業人口大多是製造業的勞工，跟以服務業為主的台北市區來說，通車的高雄捷運遠非工廠區與住宅區的輸送網絡，而是從小港機場貫穿高雄市區到高雄縣橋頭跟岡山，同時橘線是從西子灣穿越市區到高雄縣的鳳山和大寮。此種交通動線，是否有辦法作為每日在住宅跟辦公室，或工廠之間通勤族的便利工具，實是令人懷疑。

1994年時，即有交通學者替高捷把脈時表示：「儘管台灣南北兩個城市的確已具備興建捷運系統的條件，但光建捷運不會讓都會區的塞車現象就此劃上休止符。機車三百多萬輛，高雄捷運很難完全取代，舉高雄為例，高雄以勞工人口居多，每天三百多萬輛機車往來各處，其中至少有五十萬人帶著大小

●荷蘭鹿特丹新穎現代的地面電車(著者攝)。

工具騎機車，要讓他們使用捷運不太可能；其他二百五十萬輛方便、便宜，被用來買菜、送小孩的機車，在交通單位沒有進一步採取可行的管制措施的現在，捷運能不能取代也很令人懷疑？」[40]

　　不論如何，一路難產的高捷終於通車，給予期待是必要的。至於七成循繞著台鐵臨港線，三成新闢路線的高雄輕軌，依舊停留在「只聞樓梯響」的階段。台灣許多基礎建設和交通建設，總充滿了各方利益拉扯，幾乎沒有真正為社會與城市的未來思考的大政治家，只有政客一堆。尤其，那種不沾鍋、沒有肩膀、好官我自為之的官僚，更是對社會和城市發展的嚴重斲喪。原本以為，市長乃政客一枚罷了，但從高捷難產一事看來，有肩膀跟承擔的市長也的確攸關著城市發展的未來。高雄捷運的打造歷史中，說明了有承擔的政客畢竟是保育類動物，少之又少，在台灣尤為欠缺。謹以此文，作為替高捷誕生的史前史，並提點高雄市民，政客誤我高雄捷運幾十年!!

2006.12.06，荷蘭萊頓

---

[40] 〈「深陷泥淖的交通巨輪」系列報導四之四：公車營運良好‧捷運前途才樂觀〉，《聯合報》，1994.02.03，第六版。

11 吾師「五億男」邱毅
從補習班名嘴到爆料名嘴

◎名嘴——從補習班開始

如果票選台灣時代人物，邱毅理當是蟬聯多年的首選。邱毅，一位其貌甚寢、長相不討好、頭帶假髮的「怪咖」，竟可以在台灣這種有藍綠沒是非的年代中快速竄起，也真算是台灣的可悲奇蹟之一。事實上，邱毅對爆料哲學精髓的快狠準拿捏、嘴巴犀利的自圓其說、反應敏捷的鏡頭表演，以及深諳政治厚黑學等等……，台灣政壇必備求生伎倆，早在邱毅仍是補習班名嘴時，即可看出端倪。

1994年，當個人準備報考研究所之際，在朋友強力推薦下，便曾經選報補習班名師陳偉——邱毅的花名——的經濟學。彼時，經濟學是沒補好，但對邱毅此人卻是印象深刻。由於，邱毅對補習班學生總帶有一股凌人傲氣，且喜歡於課堂上以宛如爆料政治秘辛的姿態，講述著其與李登輝鬥爭並被李登輝政治打壓的怪咖——陳偉，到底是何方神聖總啟喜愛八卦的學生之疑竇，於是便有一傳言說，邱毅可能是名女人——邱彰之胞弟，畢竟，這是1994年可以將「紙頭無名，

邱毅簡歷

出生	1956年5月8日
籍貫	高雄縣燕巢鄉
學歷	國立臺灣大學農業經濟碩士(1980年)
	國立臺灣大學經濟學博士(1988年)
經歷	電視台節目主持人
	電台節目主持人
	專欄作家
	立法院(第五屆)委員(2002年-2005年)
	立法院(第六屆)委員(2005年-2008年)
	立法院(第七屆)委員(2008年-)
	清雲科技大學教授(2008年-)

紙尾無字」的邱毅，與名流和政治掛上鉤的唯一可能。據說，幾年前變身為立委後的邱毅，曾出面否認其為邱彰胞弟的傳言。

　　1994年，在上了一學期名師陳偉的經濟學之後，方才發現名師是靠一張天花亂墜的嘴巴、猜題技巧以及投機式解題所打造而成。那年，課堂上的陳偉，時常口出其到補習班開課乃是為了人情云云的話，而擺出一副學生花錢找罵的機車樣，讓拿錢給補習班的學生不僅不是座上大爺，反而比較像是被「莊孝為」一般。再加上，為了應付考試的經濟學，實是引不起人的學習興趣，因此，對陳偉經濟學是幻滅大於實際。於是，繳了學費但學習意願低落的我，只能心想花錢買「聽龜在哮」以自我安慰。

　　說「聽龜在哮」，乃因那年邱毅在課堂上，幾乎每堂必講一些他跟李登輝人馬費景漢在中華經濟研究院的鬥爭，並不斷炮轟李登輝。邱毅將矛頭對準總統的高招，其實早就在1994年中華經濟研究院任職時，中經院的人事糾紛案中，早就練就一身「下駟對上駟，穩賺不陪」的本領了。

　　當年不論邱毅身爲政府出資資助成立的中經院的研究員，同時又身兼補習班名師的行徑是否有問題，邱毅在當研究員之時，即對中國台商多所研究，並時常針對投資中國給予意見或顧問諮詢[①]。記得，邱毅這位國內經濟學士博士，對李登輝時常語出輕蔑，並語帶刻薄地諷刺李登輝乃美國康乃爾「農業經濟」博士，跟邱毅本人乃正統台大土雞「經濟學」博士沒得比，至於，此位土雞博士的自信哪來的，至今仍令人摸不著頭緒呢。

　　然而，對照邱毅當年，屢屢以中經院研究員的專家身分出席研討會的發言內容看來，邱毅的發言可說是高度策略性與算計的。誠如，邱毅在課堂上時常洋洋得意地跟爾等炫耀的是，其高超的「危機管理」技巧。陳偉時常在課堂上批評誰的危機管理不行，應該如何爲之以解圍等等之類的，於是不用訝異，邱毅出身經濟學，卻搞了一個可以跟業界結合的「管理經濟學」，讓經濟學家出身的理論蛋頭（知識分子）色彩降低，而得以臧否企業經營，並提供業界諮詢上課[②]。爾

---

① 邱毅，〔學者專欄〕，〈應建立兩岸經貿預警制度〉，《經濟日報》，1989.03.31，第二版。

② 〈企業轉型邁向M型組織‧替接班人鋪路‧業界宜速調適〉，《經濟日報》，1989.12.18，第二版。

後，邱毅將厚黑學應用於企業管理上，並寫就一本《管理厚黑學》的書[3]。

記得，當年經濟學名師陳偉在課堂上時常吹噓的「危機管理」原則，一切只問最大化得分與最小化失分，沒有原則跟承諾，只有為達目的不擇手段。於是，多年後的今天，每每見到邱毅爆料或發言，就會想到當年那個仍在補習班向學生吹噓危機管理的恐怖人物——陳偉。畢竟，當所有的是非、對錯與原則，都只是「危機管理」與「管理厚黑學」中的一個積分手段時，「無恥近乎勇」的最高指導原則，即會取代社會各種道德的規範與判準，一切價值便無從遵循，煞是可怕。因此，邱毅爆料的內容是否為真其實不重要，重要的是，邱毅已經透由「爆料行為」本身而達到其所想要之結果。每每當爆料天王邱毅與TVBS2100的李濤手持正義之劍，高喊社會正義之時，不禁令人想起美國總統傑佛遜所言：「一想起上帝是公正的，我就不禁渾身戰慄。」

再者，又如1990年時，台塑與統一等大資本向政府抗議對投資中國只設限大企業，而沒有中小企業而出不平之鳴時，邱毅則認為：「這當中並無不公平，反而是符合高度政治藝術的決定，畢竟，大企業在台灣已佔盡便宜，『吃了不少飯』，以前不去不是不想去，而是顧慮到已在台灣打下的基礎，如今中小企業在大陸賺了錢，大企業眼紅跟進，這些

---

③ 余友梅，〔管理錦囊〕，〈中國古代兵書·現代管理寶典〉，《經濟日報》，1998.04.17，第三十五版。

●邱毅對阿扁一家的爆料，引來許多阿扁支持者的憤慨，於是，支持者憤慨地扯下邱毅最珍視的頂上假髮，成為台灣社會紅極的新聞(翻攝自youtube)。

原本在台灣無法生存的中小企業，回台灣也混不下去，離開大陸也無處去，怎麼辦？應該留一點飯給中小企業吃。」[4]邱毅此種說法，或許是反應出中小企業才是其顧問利益之所在；姑不論實情為何，此番主張跟邱毅當前對全面三通的看法也是大異其趣的。誠如，當年邱毅也曾力主反對李登輝治下的國民黨對兩岸投資的放寬，邱毅表示：「……中共目前對台商的優惠皆以『祖國統一』目的為最高指導原則，財產權關係不合理、也悖離市場經濟體制，潛在風險極高。政府

---

[4]〈違法者賺大錢‧守法者反吃虧，高清愿：大陸投資政策不平〉，《聯合報》，1990.04.29，第二版。

站在國家安全考慮，應限制台商對大陸貿易、投資。」[5]此一時彼一時也，此乃嫻熟厚黑學和危機管理的邱毅一貫的策略算計的發言，遠非理念主張的一以貫之。

話說回來，邱毅成爲補習班名師跟邱毅善於「猜題」有關。1994年台大管理學院四個研究所經濟學的考題，被在台大農經系兼課與補習班任教的邱毅「猜中」，因而引發考生檢舉「洩題」的事件[6]。後來，「洩題事件」不了了之，但邱毅「猜題」能力的高超，卻讓補教名師陳偉的地位變得更不可動搖。

◎政治舞台的營造

爾後，回想起陳偉在課堂上，一直述及李登輝安排在美國耶魯與康乃爾大學任教的經濟學家費景漢，以董事長身分入主中經院，而與時任院長于宗先等人發生衝突。邱毅親上火線發動匿名黑函攻勢抨擊景漢，並直指費景漢曾任李登輝康乃爾的老師，乃李氏派來整頓中經院人馬，而將人事糾紛牽扯上中經院長期力主台灣資本「西進」一事。於是，在邱毅策略性的政治操作之下，費景漢的人事空降，變成中經院

---

⑤〈「投資、控制某一生產事業，就是直接投資。」薛琦：大陸經貿政策，玩文字遊戲‧邱毅、鍾琴強調中共志在「統一」，台商風險極高〉，《聯合報》，1990.02.19，第六版。

⑥〈台大研究所招生洩題案‧學生指還有一題「考古」〉，《聯合報》，1994.05.19，第六版；〈台大試題案／經濟學‧補習班教師出面否認講義是他的〉，《民生報》，1994.05.21，第二十版；〈台大調查試題風波‧認定並無洩題情事‧校方決定不採補救措施〉，《民生報》，1994.05.29，第二十版。

的「西進」主張，與李登輝於1994年推動的「南向」政策的鬥爭拉扯，順勢將中經院跟費景漢的人事派系恩怨，嫁接成李登輝對其的政治打壓。是故，在邱毅操盤之下，中經院人事糾紛演變成「下駟對上駟」的戲碼格局，邱毅便如此開始有了累積政治知名度的舞台⑦。

西進跟南向的爭議，原是李登輝不願見到台灣資本過度進駐中國而被「以商圍政」，於是，既然資本要向外尋找廉價勞工寄生，那為何不到東南亞甚至有邦交的中南美或非洲寄生？一方面不僅可減少國安疑慮，同時，又可以成為外交的先鋒部隊。1994年，國民黨主流派跟外省權貴為主的非主流派鬥爭，早已告一段落，且非主流派也退出李登輝的國民黨，並另闢新戰場成立新黨之時，於是，當年中經院的紛爭，透由邱毅在課堂上的爆料，成了李登輝利用費景漢來整頓中經院云云。親上火線的邱毅，更在課堂上言之鑿鑿地指稱其受到李登輝的爪牙監聽打壓等情事。當年，直覺此號在政壇上沒沒無名的邱毅，真是唬濫加三級，因為邱毅遠非李登輝的政敵，何來牛刀殺雞呢?!

1994年6月7日，一場由邱毅主辦的「兩岸經貿活動的危機管理」研討會上，原本被安排致詞的中經院董事長費景漢

---

⑦ 楊麗君，〔新聞分析〕，〈浮現嚴重人事糾葛‧未來運作令人憂心〉，《經濟日報》，1994.06.02，第二版；〈指稱費景漢急於抓權‧邱毅今將說明原委〉，《經濟日報》，1994.06.02，第二版；〈中經院研究員邱毅承認寫黑函‧指遭費景漢陷害〉，《聯合報》，1994.06.03，第二版；〈于宗先辦座談，費景漢不知情‧研究員邱毅委託律師，函告費景漢要求澄清恐嚇信一事〉，《聯合報》，1994.06.04，第六版；梁炳球、楊麗君，〈路線之爭？還是流派惡鬥？中經院人事糾紛檯面化〉，《經濟日報》，1994.06.05，第四版。

缺席。於是，《聯合報》即報導指出：「……中經院昨天上午舉辦一場兩岸經貿座談會，由研究員邱毅主辦，與邱毅站在同一陣線的院長于宗先出席。由於邱毅曾主張與產業界合辦『南向』與『西進』座談會，董事長費景漢則認爲應配合總統指示的『南向』，不應與西進大陸混淆，雙方理念不合而出現歧見，從此，中經院內有主流和非主流之爭，傳聞不斷。就在中經院董事長、院長人事之爭越演越烈之際，邱毅又舉辦一場兩岸經貿活動研討會，顯示雙方對立之勢已經尖銳化，而董事長費景漢未依往例出席致詞，則表達了無言的抗議。」⑧

《聯合報》記者的分析，除了反應出當年的主流與非主流的鬥爭乃是蔣經國死後，國民黨派系內鬥的主旋律之外，記者的看法更可能是邱毅觀點的照抄反應。值得一提的是，當年中經院這場內部鬥爭，曾經身爲邱毅同事而今貴爲太平洋SOGO百貨董事長的鍾琴，是站在同一條戰線上，一起出面召開記者會抨擊費景漢的⑨。後來，邱毅控告費景漢妨礙名譽，且與同事歐陽承新一同至監察院檢舉費景漢不適任董事長。之後，善於鬥爭的邱毅號稱花了25萬元購買錄音帶，據說，當中錄到費景漢董事長祕書「陳平」和僑選國代「巫和怡」（陳平丈夫的哥哥）的對話，「巫和怡」爲了「陳平」被

---

⑧〈費景漢疲憊‧研討會缺席‧短時間內不會回中經院上班〉，《聯合報》，1994.06.08，第二版。

⑨〈黑函！中經院流派之爭激化‧邱毅承認執筆，多位研究員指費景漢的改革是以權力分配爲重點，不是爲學術〉，《聯合晚報》，1994.06.02，第四版。

控誹謗的官司，已向法務部主任祕書王和雄關說，而王和雄
又向承辦法官陳國文「交代」過，保證可以放心云云[⑩]。記
得，當年邱毅就曾在課堂上跟同學炫耀此錄音帶的事，但之
後，邱毅控告費景漢誹謗的官司，最終台北地院宣判費景漢
無罪[⑪]。

　　1994年，邱毅加入脫離民進黨、創立民社黨爾後又代表
新黨出來競選省長的朱高正的選舉陣營中[⑫]。隨之，當年草
創時期的新黨氣勢正旺，新黨地下電台新思維因為派系鬥爭
分裂，於是，一個號稱由新同盟會教授群成立的「新中華」
電台，並以新思維孿生兄弟的電台名義，在頻道FM88.5寄
生放送，據說，此一電台宗旨乃在找尋中華民族新出路，同
時百分之百為趙少康選舉相挺造勢。這個「新中華」電台的
台長，就是邱毅是也[⑬]。1994年新黨「清黨」，一舉跟朱高
正劃清界線，並要回收朱高正所創的八家電台[⑭]。後來，邱
毅沒有跟隨朱高正一起跟新黨劃清界限，而是利用「新同盟
會」的名義分潤著新黨的正藍旗養分。

　　邱毅從中經院的風波，用側翼切入主流跟非主流的鬥
爭延長線上，並找到為其爾後政治生涯鋪路的「利基點」

---

⑩ 〈邱毅今公布關說錄音帶中經院誹謗案〉，《聯合報》，1994.08.06，第六版；〈公布錄音
　帶·邱毅指陳平關說·中經院誹謗官司掀高潮〉，《聯合報》，1994.08.07，第六版。

⑪ 〈費景漢被控誹謗案·台北地院判決無罪〉，《經濟日報》，1994.09.23，第十版。

⑫ 〈朱高正財經政見出爐〉，《聯合晚報》，1994.09.29，第四版。

⑬ 〈新思維：多個兄弟新中華，由新同盟會教授群成立，將為趙少康造勢〉，《聯合晚報》，
　1994.11.02，第四版。

⑭ 〈新黨整頓八家電台·道不同，劃清界線·不准新黨民代上台播音〉，《聯合晚報》，
　1994.12.07，第二版。

（niche）。1995年當國民黨處分香港時報大樓的黨產時，邱毅又跟香港人士丁伯駪召開記者會，出面指控國民黨賤賣黨產之嫌疑[15]。當然，邱毅對於國民黨黨產的意見，乃是「項莊舞劍，意在沛公」，希望藉由黨產事件砲打劉泰英與李登輝中樞，因此，相較於馬英九賤賣黨產一事，邱毅可說是噤聲不語。1995年4月，蔣介石無法入土成為殭屍的20週年慶的日子，新黨人士齊聚台北中正廟向蔣介石致敬的聚會上，邱毅在演講上用「李賊集團」的陰謀帽子，指摘抨擊李登輝，捲惹起現場群眾的激情[16]。如此看來，從邱毅一連串對阿扁一家的爆料事件看來，此種借力使力、砲打最高層中樞的策略，邱毅早就歷練無數次，不僅操作嫻熟，更是游刃有餘了。

邱毅選擇廝混的對象，幾乎是「鐵桿深藍」。因此，在1995年4月15日，邱毅在《聯合報》寫了一篇〈馬關條約百年省思：甲午戰爭中日經濟發展差距禍首〉的文章，讓爾等重溫國民黨流亡政權帶來的中國為中心的史觀[17]。邱毅「正藍旗」的立場跟選擇，從其覬覦政界伊始，便是如此。

當然，同年由新同盟會舉行的「雪恥救國大會」上，邱

⑮〈丁伯駪質疑國民黨在港售樓過程‧指自己早已表明購買香港時報大樓意願，且出價較高，黨管會卻置之不理〉，《民生報》，1995.03.20，第二十版；〈丁伯駪出示港府認可文件指劉泰英周康美公然說謊‧國民黨香港華夏大廈拍賣疑案昨再掀高潮〉，《聯合報》，1995.03.20，第四版。

⑯〈紀念蔣公逝世二十周年‧各路人馬齊聚中正堂〉，《聯合晚報》，1995.04.05，第一版。

⑰邱毅，〈馬關條約百年省思：甲午戰爭中日經濟發展差距禍首〉，《聯合報》，1995.04.15，第十一版。

毅更是以李登輝的學生身分，痛批李登輝深諳宮廷鬥爭術，絕不能讓李登輝連任云云[18]。之後，邱毅就藉著新同盟會的提名以跟新黨來協調索取當年南區立委候選人的名額，讓新同盟會成了一種新黨中樞外的派系，於是，邱毅便趁此機會想以正藍旗身分爭取出線，並在檯面下暗潮洶湧地鬥爭角力著。

邱毅也不時利用其經濟學者的身分，出面批評李登輝的主政，因此邱毅在美國答應李登輝訪美行程並有助李氏聲望之時，提出李氏與蔣氏獨裁主政下經濟發展的差異，據此來轉移焦點：「針對李總統主政七年來的經濟發展，中華經濟研究院研究員邱毅指出，民國四十年至六十三年蔣中正主政時代，平均經濟成長率為6.1%。民國六十四年至民國七十六年蔣經國主政時期，平均經濟成長率為7.13%。民國七十七年至八十四年李登輝主政時期，平均經濟成長率為5.51%。可以由數據看出政績如何。」[19]此一招數，跟陳水扁執政任內出訪時，泛藍與邱毅便會用拼經濟不會只會拼政治等等指責，來轉移模糊掉台灣作為一個不正常的國家，除了拼經濟之外，拼國際政治也是相對重要的現實。

1995年8月，深藍的新同盟會和新黨主辦的一場，紀念抗戰勝利五十週年「我是中國人」的遊行上，邱毅在演講會中點名要求李登輝總統下台，不要再競選連任，以免給全

---

⑱ 〈新同盟會「雪恥救國」批李〉，《聯合報》，1995.04.18，第四版。

⑲ 〈李總統若訪美，學者：美行政部門可能反彈〉，《民生報》，1995.05.22，第二十版。

體台灣民眾帶來更不可測的災難[20]。結果,同年9月19日就在《聯合報》民意論壇上投書〈多談經濟,少談政治,社會更務實〉的文章[21]。怎麼一個月前在「我是中國人」的遊行場合上如此政治化,才一個月的光景便轉身呼籲,用經濟研究員的姿態要大家多談經濟,少談政治呢?邱毅的話,真是要好好品味把玩,不然很容易就被「糊弄」,畢竟當年的邱毅一下子用政治人、一下子擺出學者身分,彼此交叉遊走掩護,誠如,當前的邱毅是以「楣體」與政客兩棲身分遊走啊。此外,若從馬英九當選區長之後,常常用拚兩岸經濟的名義,夾帶著其政治懷舊主義,可見,若口出「要拚經濟,不要拚政治」者,必定是朱高正名言:「政治是高明騙術」的遂行者。誠如,國際學者密立班(Ralph Miliband)所言:「沒有純經濟學,也沒有純政治學,只有政治經濟學。」現實上跟理論上,政治跟經濟本就是一體之兩面。

◎邱毅愛八卦?

1995年9月,呂安妮跟王永慶公子王文洋的師生婚外情事件,邱毅選擇出面力挺呂安妮,讓邱毅再度以新聞熱點(焦點)順風車而取得曝光機會。由於呂安妮事件中,《獨家報導》指出,台大教授洪明洲為了封殺呂安妮進入台大博士班,竟接受了王文洋元配陳靜文300萬元賄款,因此在口

[20]〈「我是中國人」遊行圓滿落幕〉,《聯合晚報》,1995.08.13,第二版。
[21] 邱毅,〈多談經濟,少談政治,社會更務實〉,《聯合報》,1995.09.19,第十一版。

試時，刻意壓低了呂安妮成績，使呂安妮無法進入台大商學博士班[22]。此外，邱毅也在報章公開撰文指出洪明洲評分不公，於是，洪明洲認爲《獨家報導》周刊與邱毅均捏造事實，毀損他的名譽，因而向台北地院提起自訴。法院最後分別處《獨家報導》發行人沈嶸等五人拘役50日，中華經濟研究院研究員邱毅拘役20日，但得易科罰金[23]。邱毅不怕官司纏身的勇氣，其實早就在過往許多主動爆料和幫腔爆料中練就出來了。

値得一提的是，八卦雜誌《獨家報導》的發行人沈野，乃是投奔台灣國民黨政府的反共義士，1979年9月8日，《美麗島雜誌》在台北市中泰賓館召開成立酒會，場外一群丟石頭、追打老婦人的極右派團體——疾風雜誌社，即是由沈野（光秀）、李勝峰、勞政武等人領軍[24]。當時，邱毅擔任新中華電台台長之時，沈野也是當中的政論主持人之一，因此，邱毅以及沈野的《獨家報導》，聯手修理台大商學系教授洪明洲，就值得令人玩味當中的內幕。當年，筆者朋友台灣石油工會理事洪明江，乃是洪明洲胞弟，曾經提及邱毅藉由呂安妮事件修理洪明洲，是有其政治目的與算計在裡頭。到底眞相爲何，或許只有當事人才知曉。

---

[22] 〈台大商研所博士班考試風波：呂安妮洪明洲，電視公開對質〉，《聯合報》，1995.09.29，第三版；〈對質開講「女主角」差點走人·呂安妮與洪明洲夫人口角·李濤忙平息「戰火」〉，《聯合晚報》，1995.09.29，第十版。

[23] 〈呂安妮事件·洪明洲控告誹謗案·《獨家報導》五人處拘役〉，《聯合報》，1996.11.16，第三版；〈洪明洲自訴《獨家報導》坊害名譽案·沈嶸拘役50天，邱毅拘役20天〉，《聯合報》，1996.11.16，第七版。

[24] 蔡漢勳，〈泛藍原形畢露〉，《台灣日報》，2005.05.02。

　　當年，李登輝主掌下的國民黨以「民營化」（私營化）為名，意欲將國營事業拍賣，於是，邱毅看準許多國營企業的工會乃大型工會，便曾出言批判國民黨的「民營化」政策，甚至受邀至中華電信工會的工會幹部勞教並成為工會顧問等等，台灣工會的頭腦不清，以及「請鬼拿藥單」之行徑，真是令人氣結。因此，不意外的，在某場個人曾參與的電信工會勞工教育會場上，竟然聽到邱毅在場上教導工會會員，要學習分散投資與學習投資組合理財，此種連基本階級意識都付之闕如的工會幹部，難怪只能讓台灣工會淪為弱雞一枚，讓台灣工運自主化，竟然諷刺地成了「弱雞工會」取代「閹雞工會」的可悲。

　　之後，作為談話性節目常客的邱毅，終於在1998年2月受邀在SET電視台主持財經節目「時代爭鋒」[25]。同年，1998年精省工程啟動之後，省府員工組織自救會，見到炮轟李登輝的絕佳機會來臨的邱毅，再度介入指導自救會，並成為自救會的「教戰顧問」[26]，緊接著便順利接上宋楚瑜的總統競選之路，於是，邱毅在台灣政治舞台成名過程的史前史，便如此書寫而成。

　　當然，邱毅也是各種給企業經營人才的受訓課程的名嘴講師，例如專業秘書成長班系、經理人成功研習營、亞太企

---

[25] 〈聽李鴻禧、邱毅「講看嘜」‧學者談經論政‧獻出螢幕處女作〉，《聯合報》，1998.02.28，第二十八版。

[26] 〈省府員工自救‧下周四前進政院‧員工權益自救聯盟「莫等待」‧將動員十輛遊覽車北上「戰鬥」〉，《聯合報》，1998.08.20，第三版；〈省府：一切協商有如玩弄兩手策略‧秦金生強烈表達不滿，指中央有預設立場〉，《聯合報》，1998.08.20，第三版。

業大學經營研究班、危機管理與談判技巧研習班等等……，
邱毅幾乎是當中不可或缺的授課名師之一[27]。因為，邱毅口
才便給、信手拈來的故事唬濫與精於算計的小聰明，在在讓
邱毅一開口便是「口水多過茶」，宛如阿婆的裹腳布又臭
又長。據說，邱毅一場演講的價碼，高於市場行情甚多。按
邱毅自己指出，其所著的《管理厚黑學》乃師法中國古代兵
書，其中可分為權謀、形勢、陰陽和技巧四大類，當中《孫
子兵法》是屬於權謀類，是科技整合式的作品，其功能可發
揮至企業經營規劃、競爭策略與領導用人等主題。而如另一
本兵書《尉繚子》兵法，則可借重於企業外部競爭情勢的分
析、企業文化的建立、組織使命感的培養，乃至企業內部組
織規劃的精神蘊含等。邱毅的厚黑學不只應用在企業管理
上，其實邱毅的「政治管理」，也處處可見獨到的邱氏政治
厚黑學，就在出招拆招之際，敵人首級早已落下，高竿得
很。

　　除了呂安妮事件之外，2000年之時，邱毅也介入「章峰
育」與費玉清的八卦同志戀情糾紛中，並陪同章姓主角出
面指控費玉清始亂終棄[28]。反觀邱毅的個人情史，在1994年

[27]〈專業秘書成長班系列課程〉，《經濟日報》，1998.09.17，第四十三版；〈經理人成功研習營〉，《聯合報》，1998.10.20，第二十四版；〈第三屆亞太企業大學經營研究班下月開辦〉，《經濟日報》，1998.02.20，第二十八版；〈危機管理與談判技巧研習班‧台中企經會23日邀邱毅博士講授〉，《經濟日報》，1999.07.07，第三十五版。
[28]〈緋聞現場：給媒體的大考題‧章峰育：要他公開道歉不爽一腳被踢開，要討公道〉，《民生報》，2000.09.10，第C7版；〈說是為了小哥棄女友‧章言章語含含糊糊‧誰才始亂終棄？〉，《星報》，2000.09.10，第二版。

●當邱毅由區域立委轉戰不分區立委之後，此一路口服務處指標的指向之處，再也尋不著邱毅立委的服務處所在(面對照片中立委服務處指標下方的「幸福炫耀結婚節」，兩段婚姻離異的邱毅，不知作何感想呢！)或許，聰明自負如邱毅，地方選民服務與紅白帖跑攤的「難賺吃」，遠遠不如其在「2100全民開講」進行爆料，以作為國民黨的打手先鋒並贏得全國知名度的高投資報酬率。不過，爆料打手的形象一旦定型，還是會令人對於邱毅未來政治生涯的晉級轉進感到憂心呢(著者攝)。

的課堂上，邱毅不知何故把其前妻批判得很慘，似乎正為離婚一事打起官司。至於，介入邱毅婚姻的一方，乃是前一陣子才跟邱毅離婚的謝京叡。記得，正當幾年前「非常光碟」事件沸沸揚揚之時，光碟中曾經指控邱毅教學生教到床上去，以影射邱毅的不倫師生戀。當時，邱毅第一時間出面否認，但由於「非常光碟」一開始沒有署名，台灣統媒記者也懶得查證，只對「非常光碟」進行片面的批判，因而忽略了光碟中所講的到底是否是事實。其實，這只消記者上國家圖書館博碩士論文一查即知，但記者還是連查證都懶得，並口徑一致地批評「非常光碟」乃惡劣的政治黑函，殊不知「非常光碟」乃是民眾對偏頗的「楣體」的自力救濟與反動的產物啊！但是，邱毅面對「非

常光碟」的指控時，千篇一律必先矢口否認、死不認帳，這反應倒是挺像陳偉在課堂上「危機管理」的處理守則之一啊！

◎歷史分析爆料法？

由於邱毅頭腦敏捷，再加上補習班名嘴的歷練，練就一身唬爛功力跟自信，因此，邱毅每每可以從幾個看似可疑的點，兜出一個看似完滿的故事，再加上邱式特有的自信語氣與口吻包裝，原本只是想當然耳的揣測，就成了邱氏爆料的特色，並被邱毅命之「歷史分析法」。但是，邱毅的爆料雖然常常是散彈打鳥，以小搏大，以下駟對上駟，但卻案案直指總統府，只消一案爆對，即有通殺之效力。於是，張景森台中精密園區案、馬永成堂姊夫呂崇明319案槍枝、大華超市案、東京世田谷區豪宅案、黃志芳訪阿聯為扁密圖逃亡路線案、陳幸妤懷孕、SOGO九樓23區案、台東海砂案、華國幫案等等明顯的錯爆，但案案卻都猶如拋向總統府的血滴子般，陰毒至極。

至於，邱氏典型的爆料法則，一定會有時間跟地點以作為擬似客觀之場景，一方面可以唬倒外界跟腦殘記者，另一方面，則可以讓扒糞的記者為了查證，而讓腦殘記者的繼續協尋，以滾雪球的方式擴大持續爆料的震幅。例如，邱毅曾在立法院司法委員會質詢高捷公辦六標的案子，並痛罵檢查總長吳英昭跟法務部部長施茂林十分鐘，而無任何回嘴之餘

● 邱毅結識謝京叡後，謝京叡提議：「與其讓別人賺，不如自己開補習班賺。」並用邱毅在補習班用的名字「陳偉」，作為補習班的名字。目前，「陳偉研究所補習班」在北中南都有分部，照片中乃是補習班高雄分部(江怡萍攝)。

地。邱毅言之鑿鑿地指稱，南機組查了三年查證後，不起訴當時的行政院院長謝長廷，乃是因為檢察官喝花酒，風紀不好，並在質詢過程中將檢察官上酒家的時間、地點均指證歷歷地說出。結果，待質詢時間完後，吳英昭客氣地稟報邱委員的質詢說：「報告委員，那個檢察官是女的。」一場原本是邱毅爆出的檢察官風紀案，便如此成了笑話一場。

◎「五億男」的打造與感情？

當然，理財厲害的邱毅，曾經被爆料具有「五億男」的身價，同時，根據《聯合報》的一則意欲替邱毅澄清的報導中指出，補習班上課的萬元鐘點費、投資參與力霸大型投資案等等……賺進大把收入外，單就《職場輸家》與《生活大贏家》兩本書，更讓千萬版稅落袋。同時，20年前女星胡慧中主演的電影《歡顏》，劇本更是出自邱毅之筆。之後，與其讓別人賺不如自己賺的算盤下，就開始了「陳偉補習班」，於是，傳言中的「五億男」——邱毅，便這樣誕生了[29]。

實情是否如此，外人不得而知，但是「五億男」名號出現之際，邱毅跟謝京叡的婚姻便離奇地劃下休止符，同時，財產幾乎全歸女方所有。對照起邱毅對第二任妻子謝京

---

[29] 〈這些錢怎麼賺的？「五億男」邱毅：鐘點費三萬，補習班教書一個周末50萬，搞投資買房產，兩本書版稅千萬，胡慧中演的《歡顏》，劇本他寫的〉，《聯合報》，2005.03.24，第A6版。

●位於台北的陳偉補習班(胡耿豪攝)。

叡的厚待,以及每每述及此段感情,即會在鏡頭前流下男兒
淚的行徑,相較其對於第一任妻子的苛刻和批評,真有著天
壤之別。當年邱毅在臺灣大學教書時,與小邱毅老師12歲,
且當時只有19歲的學生謝京叡談起不倫師生戀。當時劈腿的
邱毅早已結婚生子,這段婚外情在台大校園引起一陣軒然
大波[30]。據邱毅自己指稱其元配夏女士,只是個圖利生活享
受,要求巨額金錢的女人,1991年3月才與夏女士協議分居
兩年,卻也因此支付一筆可觀金額與兩棟房子。

---

[30]〈唉!我與邱毅有共同的感嘆:「我真的沒有辦法相信,這就是政治!」十多年師生戀終成
　　追憶·邱毅離婚案浸透從政悲情〉,中國台灣網,2005.03.23,www.XINHUANET.com。
[31]〈邱毅外遇·逼離元配·寫書自誇〉,《台灣日報》,2003.05.31。

　　感情的事，遠非外人有說嘴之餘地，但邱毅為要求元配夏女士離婚，甚至控告夏女士「侵佔財物」，於是，在1993年，夏女士終究萬念俱灰地答應離婚，選擇放手，還給邱毅自由[31]。這一切，邱毅不諱言並大剌剌地在當年的課堂上向學生們闡述。難怪，坊間有傳言指出，邱毅是怕其身家曝光之後被抓到把柄，因而利用離婚方式，把財產轉移給妻子的障眼法。不論此種傳言是否為真，但是感情世界中的邱毅，其在面對一代妻子夏女士，以及二代妻子謝女士之間的態度反差中，令人更加好奇邱毅此種愛憎分明的情緒，究竟又是「危機管理」的哪一條守則呢？

　　邱毅，一個相當受爭議的政客，一個目下最火紅的爆料天王，一個多少記者新聞來源的餵養者，便如此成了每天鎂光燈的焦點跟明星。而記憶中1994年課堂上，那個每每吹噓起「危機管理」，一切只問目的不問手段的經濟學名師陳偉，早就預示了當前邱毅的走紅了。對於邱毅而言，爆料的內容不是重點，重點是，藉由爆料的過程早已主導著政局、新聞「楣體」的走向跟發展，而這就是權力，一種所謂的「軟性權力」（soft power）——利用議題設定（agenda setting）的方式，支配著新聞走向與對新聞內容的定調。此種權力魔杖，邱毅早已結結實實地要到了，並在手中極盡地耍弄揮灑著。邱毅的「政治厚黑學」與「政治危機管理學」，是爾等小民們必修的兩門課啊！謹以此文，獻給作為曾經成為吾師的「五億男」邱毅，當作其竄紅成名於台灣政壇前的一段史前史。

2006.06.19，荷蘭萊頓

台灣國民文化運動

Let Taiwan be TAIWAN

　　台灣人應該覺悟，台灣建國之路，絕不能完全寄望在政黨與政治力量。台灣主體性的根源問題以及台灣國民靈魂的集體形塑和進化，是國家永遠不可動搖的基石，應該從文化奠基，經由社會覺醒才能真正實現。

　　讓台灣成為主權獨立的新國家，讓台灣人受到世界各國的尊敬是台灣運動者的最高目標。在當下媒體與教育的生產和市場價值體系仍受中國文化種族主義信仰的管控下，必須重新啟動台灣知識文化的第二波心靈改造進化工作，重新建構台灣人主體性文化符號價值的生產與市場價值體系，以形塑一代接一代台灣人的靈魂品質。基於此，我們發起「台灣新文化知識運動」，希望海內外台灣人共同為台灣文化根源的生命力播下種籽，直到開花結果。我們建議各位台灣志士共同以下列方式，一起努力。

一、寫作並發表培育台灣人意識，或啟蒙人類共同普遍價值的心得或研究。

二、發行推動本運動的刊物及網站。

三、捐助推動本運動的資金。

四、每年至少以台幣一萬元購買台灣文史書籍，強化台灣意識。

五、過年過節希望以送書取代禮物。

六、普遍設置家庭圖書館。

七、成立社區讀書會的結盟組織。

台灣國民文化運動

黃文雄(Ko Bunyu)敬致海內外有志書

各位兄姊前輩：

　　歷經戰後的60年，建構今日台灣社會的，無疑仍是國民黨的黨國體制和中國的傳統文化，因此，即使政權已經輪替，朝野之間政治、社會的改革仍然未竟其功，吾人對現政權不能抱持多大期待之處，仍所在多有。

　　的確，今日台灣社會，是依各種各樣社會、時代背景的要因建造起來的，其中最具強大影響力的，就是完全由中國人執其牛耳的教育及大眾傳播媒體，那是今日台灣實質上的第一權力。現政權也因汲汲於迎合這些歪曲的言論而左支右絀。

　　不用說，環繞著目下台灣的內外情勢，台灣自身也是問題重重，從台灣人自身的認同問題起至做為國家的國際認知問題，台灣要面對的21世紀的課題確實很多，因此，吾人迄今為止，對以上的諸問題，非加緊努力不可。

　　就此，數年來，吾等在海外有志之台灣人，一再檢討、討論的結果，獲得了台灣問題相較於政治面而言，文化面實在更為切要的結論。擁有共同的普遍的價值觀固然重要，比此更重要的台灣人的主體性、更進一步的台灣人意識的養成才是先決的要務。

　　培育受世界尊敬的台灣人當然必要，但是決非容易之事，這一點，我們也知之甚詳。

　　本來，這是政府應該做的事情，但是，我們實已不再冀

待，於是，我們認爲作爲一種運動，非致力於所有力量的集結，並考量其意義不可。

人的培育，也應從青年開始，更進一步推及到從幼少年開始。

沒有大眾媒體的我們，打算從小眾媒體出發。

所以，我們決意從台灣國民文化運動開始，以台灣人意識育成運動作爲母體，集結所有的力量來踏出我們的第一步。經過數年的嘗試錯誤，從「抱持台灣魂魄」的「新國民文庫」的刊行開始，慢慢地充實這個運動的內容，一邊展開眾意的尋求和凝聚，這就是我們預定要做的事情。

以下三件，是有賴於諸位兄姊前輩具體協力的事項：

一、寫作並發表培育台灣人意識，或啓蒙人類共同普遍價值的心得或研究。
二、協助推動發行本運動的刊物。
三、捐助推動本運動的資金。

有關第三點，以日本及美國的有志之士爲始，我們已經獲得50多人的支持，目前贊同人數正不斷遞增中。我們誠盼希望能達到100人以上的陣容規模。

以上，還乞諸位兄姊前輩不吝惠賜有關推展本運動的具體的卓識高見。

衷心祈願您的協力與參與。

黃文雄 一同　拜上

台灣國民文化運動

【新國民文庫】出版基金

主催：黃文雄（Ko Bunyu）

計劃：本著台灣精神・台灣氣質意旨，五年內將出版100本台灣主體意識、國民基本智識及文化教養啓蒙書。

參與贊助基金：每單位日幣10萬元、美金1千或台幣3萬以上。

贊助人權益：基金贊助人名單將於每本新國民文庫叢書上登載。並由台灣國民文化運動總部製頒感謝狀一幀。贊助人可獲台灣國民文庫陸續出版新書各1部，享再購本文庫及前衛出版各書特別優惠。

日本本舖：黃文雄事務所

〒160－0008日本東京都新宿區三榮町9番地

Tel：(03)33564717　Fax：(03)33554186

e-mail：humiozimu@hotmail.com

台灣本舖：前衛出版社

10468台北市中山區農安街153號4F之3

Tel：(02)25865708　Fax：(02)25863758

e-mail：a4791@ms15.hinet.net

http://www.avanguard.com.tw

國家圖書館出版品預行編目資料

國民黨治台片斷考／陳奕齊著.
- - 初版.- - 台北市：前衛，2010.01
224面；15×21公分

ISBN 978-957-801-636-1（平裝）

1. 台灣政治　　2. 言論集

573.07　　　　　　　　　　98025180

國民黨治台片斷考

著　　　者　陳奕齊
責任編輯　陳淑燕
美術編輯　宸遠彩藝
出 版 者　台灣本鋪：前衛出版社
　　　　　　10468 台北市中山區農安街153號4F之3
　　　　　　Tel：02-25865708　Fax：02-25863758
　　　　　　郵撥帳號：05625551
　　　　　　e-mail：a4791@ms15.hinet.net
　　　　　　http://www.avanguard.com.tw
　　　　　　日本本鋪：黃文雄事務所
　　　　　　e-mail：humiozimu@hotmail.com
　　　　　　〒160-0008 日本東京都新宿區三榮町9番地
　　　　　　Tel：03-33564717　Fax：03-33554186
出版總監　林文欽　黃文雄
法律顧問　南國春秋法律事務所林峰正律師
總 經 銷　紅螞蟻圖書有限公司
　　　　　　台北市內湖舊宗路二段121巷28、32號4樓
　　　　　　Tel：02-27953656　Fax：02-27954100
出版日期　2010年1月初版一刷

定　　價　新台幣220元
©Avanguard Publishing House 2010
Printed in Taiwan　　ISBN 978-957-801-636-1